Monnica Hackl

Der magische Haushalt

Monnica Hackl

Der magische Haushalt

Uralte Zauberkräfte
neu entdeckt

Mit 14 Abbildungen

Herbig

Alle Ausführungen und Ratschläge in diesem Buch wurden von der Autorin sorgfältig geprüft und vom Verlag erwogen. Dennoch kann eine Haftung der Autorin bzw. des Verlags für Personen-, Sach- und Vermögensschäden nicht übernommen werden und ist deshalb ausgeschlossen.

Bildnachweis:
Töggeligitter aus: Hanspeter Niederberger, Christof Hirtler: »Geister, Bann und Herrgottswinkel«.
Löwenmensch aus: Jean Clottes, David Lewis-Williams: »Schamanen, Trance und Magie in der Höhlenkunst der Steinzeit«.
Alle anderen Fotos: Walter W. Habel.
Gegenstände aus dem Besitz der Autorin.

Besuchen Sie uns im Internet unter
www.herbig-verlag.de

Gedruckt auf chlorfrei gebleichtem Papier

Sonderproduktion 2. Auflage 2008

Umschlaggestaltung: Wolfgang Heinzel
Herstellung und Satz: VerlagsService Dr. Helmut Neuberger & Karl Schaumann GmbH, Heimstetten
Gesetzt aus der 12/16,5 Punkt Goudy
Druck und Binden: CPI Moravia Books GmbH, Korneuburg
Printed in the EU
ISBN 978-3-7766-5016-7

Inhalt

Wollen Sie es wirklich wissen? 9

1 **Was ist Magie?** 11

Auf die Gesinnung kommt es an · Warum Vergessen wichtig ist · Klare Magie bringt Glück und Wohlergehen

2 **Geheimnisvolle Türen, Fenster und Schlüssel** ... 17

Weshalb Sie immer Salz im Hause haben sollten · Was das CBM-Zeichen bedeutet · Weshalb Sie eine Münze neben der Tür verstecken sollten

3 **Die Küche als magischer Raum** 35

Koch und Köchin sind Zauberer · Apfelholz erhält die Liebe · Der Herrgottswinkel als Abwehrzauber · Wacholder und Rosmarin halten gesund

4 Die gute Stube 43

Ungeliebte Gegenstände · Wie viel Macht geben Sie Ihrem Fernsehapparat?

5 Das geschützte Schlafzimmer 47

Wann Sie Schlaf- und Bettwäsche wechseln sollten · Ein schützendes Abendgebet · Das Töggeligitter schützt vor Albträumen

6 Das Bad und die Schönheitsmagie 57

Salz von magischen Orten · Was Quellnymphen brauchen · Was das geschriebene Wort vermag · Die Bedeutung der Herzsteine

7 Auto und Garage 71

YY-Zeichen schützen vor Diebstahl · Was die Christophorus-Medaille kann · Verschiedener Reisezauber

8 Die magische Geldbörse 79

Das grüne Portemonnaie · Warum Sie einen Geldtopf haben sollten · Die magische Haushaltskasse

9 Die magische Handtasche 87

Ein Zeichen der Unabhängigkeit · Handtasche und Medizinbeutel · Magischer Inhalt

10 Liebeszauber 97

Weshalb Sie eine Perlenkette brauchen · Hexenkraut macht unwiderstehlich · Perlmutter hilft bei Liebeskummer

11 Heilen mit Magie 105

Zauber wird mit Zauber geheilt · 50 Prozent der Erkrankungen sind magisch · Was der echte Heiler kann

12 Wunderbare Gegenstände 111

Das Geheimnis der Lochsteine · Was ist ein Skapulier? · Die Zaubermedaille des heiligen Benedikt

13 Schützender Schmuck 121

Verschiedene Schutzkreuze · Die »Wunderbare Medaille« · Auch moderne Amulette schützen

14 Starke Zeichen: Schutz und Glückssymbole 129

Was sind Glückssymbole? · Wie werden sie entdeckt? · Das Herzsymbol aus schwarzem Stein · Das bedeutsame Symbol des Fisches

15 Der mystische Garten 137

Vom Gedeihen des Gartens · Auch Pflanzen können schützen · Der geheimnisvolle Holunderbusch

16 Die Magie von Tieren und Pflanzen 153

Das Geheimnis der Jerichorose · Das vierblättrige Kleeblatt · Das persönliche Tiertotem

17 Gestörte Orte 173

Woran erkennt man einen schlechten Platz? · Wie finde ich den guten Platz? · Der Wunderbaum Paulownia

18 Ein starker Zauberspruch 183

Ein Gebet als Zauberspruch · Die schützenden Ringe · Maria als starke Schutzmacht · Auch Ihr Heim braucht diesen Schutz

19 Totenkult: Die Verstorbenen sind so nah 191

Was Halloween wirklich bedeutet · Lassen Sie einen Apfel am Baum hängen · Wie weiße Blumen helfen

20 Die geheimnisvollen Raunächte 197

Die gefährliche Wilde Jagd · Wann Tiere sprechen können · Der Wind des Heiligen Geistes

Literatur 203

Bezugsadressen 205

Wollen Sie es wirklich wissen?

Wollen Sie wirklich wissen, wie die alten Zauberbräuche auch heute noch wirken? Wollen Sie wirklich wissen, wie es ist, mit den heilenden Kräften, der klaren Magie zu arbeiten? Mit diesem Buch sind Sie auf der sicheren Seite, es werden nur Praktiken geschildert, die Sie selbst stark, glücklich und gesund machen und ohne jeden Schaden sind. Oftmals sind diese Bräuche tief verankert im christlichen Gedankengut. Lassen Sie sich also ein auf das Abenteuer klare Magie.

Monnica Hackl

1

Was ist Magie?

Zunächst einmal: Magie hat überhaupt nichts Mysteriöses an sich, sie ist ganz natürlich! Ohne uns dessen besonders bewusst zu sein, gebrauchen wir sie alle.

Das Wort Magie kommt aus dem Griechischen, und noch heute heißt in Griechenland der Koch »Magiras« und die Köchin »Magirissa«. Was beide tun ist »magirewo«, nämlich kochen. Hier haben wir den Magier und die Magierin in ihrer ursprünglichsten Form: Beim Kochen wird etwas durch sie verwandelt, zum Beispiel rohes, blutendes Fleisch in ein duftendes, knusprig gebratenes Lammkotelett oder harte, unbekömmliche Bohnen in ein angenehm zu kauendes, schmackhaftes Gericht. Ein schwarzes bitteres Pulver wird mit Zucker aufgekocht und in aromatischen griechischen Kaffee verwandelt; kaltes Wasser, ein Huhn und eine Handvoll Kräuter werden zu einer dampfenden, duftenden Hühnersuppe!

Deshalb ist es nur recht und billig, von einem »magischen Haushalt« zu sprechen. Wir »Magirisses« stehen doch täglich in der Küche und betreiben dort und im gesamten Haushalt die große Umwandlung!

Wir alle handeln magisch, auch wenn wir nicht in der Küche stehen oder uns unseren anderen magischen Handlungen nicht ausdrücklich bewusst sind. Werfen Sie doch zum Beispiel einmal einen Blick hinter die Windschutzscheiben von geparkten Autos auf Ihrer Straße. Sie werden sich wundern, was an magischen Objekten vom Rückspiegel herabhängt oder am Armaturenbrett befestigt ist. Das Spektrum reicht vom gehäkelten Babyschuh bis zum hölzernen Rosenkranz. Kaum ein Mensch denkt sich viel dabei, wenn er an seinem Armaturenbrett eine Christophorusmedaille befestigt. Würde er darauf aufmerksam gemacht, dass er damit eine magische Handlung vollbringt, so würde er vermutlich erwidern: »Was heißt hier Magie? Was die Medaille betrifft, sie gehört einfach ins Auto – und soll Glück bringen. Aber, was sie genau bedeutet, weiß ich nicht.«

Sie sehen also, magische Handlungen sind auch heute noch fest in unserem Alltag integriert. Mein Anliegen ist, Ihnen wieder in Erinnerung zu bringen, was Ihre Großmütter noch wussten und Ihre Mütter in den hektischen Zeiten der letzten Jahrzehnte vergessen oder als altmodisch abgetan haben. Sie werden einen Schatz entdecken, der einerseits Sie und Ihre Familie glücklich macht und andererseits eine echte Bereicherung für Ihr Leben und Ihr Zuhause ist. Das Schönste dabei aber ist, dass Sie sich keine kostspieligen Gegenstände oder Zutaten besorgen müssen. Alles, was Sie für Ihren magischen Haushalt benötigen, haben Sie schon irgendwo in Ihrem Haus bei sich, in einer Küchenschublade oder in Ihrem Vorratsschrank. Denn um Ihr Heim wohnlicher und sich selbst und Ihre Familie glücklicher zu machen, braucht es nicht viel, ein Stückchen weiße Kreide, etwas Mehl, ein Röllchen Nähseide, eine Kerze …

Was ist nun Magie? Magie ist eine herbeiführbare Verwandlung unserer Lebensumstände. Alle Situationen und Angelegenheiten unseres Lebens tragen in sich die Möglichkeit einer Veränderung. Durch unsere Einwirkung werden die Dinge gleichsam formbar und wir können dadurch eine Wandlung erreichen, sei es in uns selbst oder im Außen. Von äußerster Wichtigkeit ist dabei die innere Haltung: Ein reines Herz und der starke Wunsch, etwas Gutes zu tun, und die intensive Beschäftigung damit, sind die Voraussetzungen für ein erfolgreiches Wirken.

Aber wie so häufig fällt unser Blick oft zuerst auf das Negative, und wir kennen alle die hässlichen Auswirkungen unguter Magie, die sich zunächst in maßlosem Egoismus und später in geistiger Verwirrung zeigen. Das ist nun allerdings nichts, mit dem wir uns beschäftigen sollten. Und auch dieses Buch beschäftigt sich aus gutem Grund nicht mit diesem Thema.

Wenn wir uns ernsthaft mit der guten Seite der Magie befassen, können wir positiv auf unser Umfeld einwirken und es verändern. Aber nicht nur die Umstände verändern sich, sondern auch wir selbst verändern uns dabei. Magie kann nur wirken und immer schneller und leichter wirken, wenn der Mensch sich allmählich zum reinen Kanal für die göttliche Kraft wandelt.

Eine magische Person ist glücklich und sie hat eine durch und durch positive Ausstrahlung. Auch die Menschen, die mit ihr zu tun haben, fühlen sich in ihrer Gegenwart wohler als sonst, z. B. heiter und wie befreit, wenn sie mit ihr sprechen. Das kommt daher, weil die Magie diese Person innerlich so zum Guten geformt hat, dass sie mit sich selbst zufrieden und wahrhaft glücklich ist. Ein unzufriedener Mensch, der mit sich hadert und sich selbst nicht gut ist, kann niemals in die Sphären dringen, aus denen ihm die gute Magie zuströmt.

Fassen wir noch einmal zusammen: Magie ist, wenn wir die Umstände und uns selbst durch unsere innere Haltung und bestimmte Handlungen zum Guten verwandeln. Damit uns das gelingt, sind mehrere Faktoren wichtig:

1. Der starke Wunsch, etwas Gutes zu bewirken.
2. Die Absicht und die feste Überzeugung etwas bewirken zu können.
3. Aufmerksamkeit und Konzentration.
4. Dankbarkeit.
5. Damit die kosmischen Kräfte ungestört wirken können, ist es wichtig, die magische Handlung völlig zu vergessen, wenn sie erst einmal ausgeführt wurde.

Dieser letzte Punkt des Vergessens ist tatsächlich von großer Bedeutung. Wir ermöglichen dem Universum durch eine magische Handlung – gleichsam wie durch eine Weichenstellung – seine Kräfte in den gewünschten Kanal zu leiten. Da ist es nur störend, wenn wir immer wieder daran rütteln und nachhelfen wollen, weil es uns nicht schnell genug geht. Die Natur hat ihre eigenen Gesetze und ein Apfel wächst nun mal nicht schneller, weil jemand daneben steht und dauernd sagt: »Nun wachse doch endlich und werde reif!«

Zu diesem Buch habe ich magisches Brauchtum zusammengetragen, dessen Reste immer noch unter uns lebendig sind und das mir von meist hochbetagten Menschen übermittelt wurde. Manches wurde bis vor kurzem noch von vielen Menschen in den verschiedensten Orten und Ländern angewandt. Einige dieser Bräuche werden auch bei uns noch ausgeübt, ohne dass wir heute wissen, was eigentlich dahinter steckt. Ich möchte Ihnen damit ein magisches Rüstzeug geben, wie Sie Ihr Heim mit Glück, Gesundheit und Liebe erfüllen können. Eines soll dieses Buch ganz bewusst nicht sein: eine trockene, wissenschaftliche Arbeit, die Sie nach kurzem Durchblättern gelangweilt aus der Hand legen.

Mir geht es vielmehr darum, die mündlich überlieferten magischen Handlungen, die unseren Vorfahren jahrhundertelang Schutz gaben, wieder lebendig werden zu lassen. Es geht mir auch darum, den starken schwarzmagischen Strömungen, die in der Moderne auf uns einwirken, ein Gegengewicht zu setzen. Merke: Alles, was schwarzmagisch ist, geht ganz einfach, erfordert nichts Besonderes und entspricht den niedrigsten Instinkten des Menschen. Das alles findet leicht einen Einstieg und führt zu einer fortschreitenden Verrohung und einem Verrat der inneren Werte. Dazu gehören Computerspiele, große Teile des Internets, auch Teile des Fernsehens, die den Menschen dazu bringen, sich auf ein immer niedriger werdendes Niveau zu begeben. Früher musste ein Mann, wenn er seine Frau betrügen wollte, noch kreativ sein und sich etwas einfallen lassen. Heute geht er ins Internet und bucht einen Termin bei der Seitensprung AG. Sie sehen also, diese schwarzmagischen Einflüsse schaden nicht nur unserer Moral, sondern sie beschneiden auch unsere Kreativität und unseren Erfindungsgeist. Schade darum!

Die alten Kräfte dagegen sind voller Weisheit und Wirkung. Sie laufen *mit* dem Menschen und wenden sich nicht gegen ihn. Probieren Sie es aus, diese Bräuche wirken auch heute noch und haben ihre magische Kraft nicht verloren.

2

Geheimnisvolle Türen, Fenster und Schlüssel

Der Haus- oder Wohnungseingang ist das gleichsam magische Tor, hinter den sich der ganz private Wohnbereich befindet. Der Bereich, in dem sich jeder so leger und ungezwungen benehmen kann, wie er möchte, in dem er sich nach seinem Geschmack entfalten und den jeder so einrichten kann, wie es ihm persönlich gefällt. Hinter verschlossenen Türen spielen sich auch die persönlichen Ereignisse erfreulicher oder unerfreulicher Art ab, die anderen Menschen nichts angehen und die alleine uns gehören.

Da liegt es natürlich nahe, den Hauseingang so zu gestalten, dass nur diejenigen Personen durch diese magische Pforte gehen können, die uns gut gesonnen sind und denen wir auch den Zutritt zu unseren ganz privaten Räumen gewähren wollen.

Es ist also von großer Bedeutung, wer unsere Schwelle übertreten darf! Eine der ältesten Schilderungen einer Schwellenmagie ist im Alten Testament im Buch Exodus beschrieben. Dort werden die Israeliten aufgefordert, das Blut von geschlachteten Lämmern an die Türposten und Balken zu streichen. Der Engel des Todes würde an den so gezeichneten Türen vorbeigehen und sie verschonen. Hier haben wir ein frühes Zeugnis, wie durch ein Zeichen an der Türschwelle die Bewohner eines Hauses geschützt werden können.

Unsere Vorfahren schnitzten aus diesem Grund Runenzeichen in die Holzbalken ihrer Eingangstore, die in erster Linie der Abwehr von feindlichen Wesenheiten und Personen dienten, denn ein friedliches Haus und ein friedliches Herdfeuer war den germanischen Völkern heilig. Der germanische Brauch, Runen zur Abwehr zu verwenden, setzte sich – zwar in verborgener Weise, aber dennoch deutlich erkennbar – bis in die Neuzeit hinein fort. Ich denke dabei an die Muster der Fachwerkhäuser. Die so schönen Anordnungen und Konstruktionen der Holzbalken, die wir heute in Westfalen, Franken und der Schweiz finden, erfüllten nicht nur Stützfunktionen und dienten nicht allein statischen Anforderungen. Wer sich mit der germanischen Runenschrift auskennt und sie lesen kann, erkennt immer wieder die gleichen Runenzeichen im Muster des Fachwerks, die Schutz vor den feindlichen Mächten geben, oder solche, die Wohlstand und Gedeihen an das Haus heranziehen. So sind die Außenwände dieser Häuser wie ein offenes Buch zu lesen, und die Zeichen für Glück und Abwehr von Bösem wechseln sich beständig ab und ergänzen einander.

Am Eingang der berühmten gotischen Friedhofskapelle in Creglingen sind rechts und links des Portals zwei Figuren in den Stein gehauen. Zur Rechten sind zwei Hühner abgebildet und zur Linken ein Mann, der sich den Kinnbart zwirbelt. Auch das ist ein Abwehrzauber, der bedeutet: Streithähne und Zweifler sollen draußen bleiben und die friedliche Andacht der Kirchenbesucher nicht stören.

In manchen Gegenden streicht man die Türpfosten und die Türe mit blauer Farbe an, um vor dem Bösen geschützt zu sein. Man hofft, dass dies hilft. Erwiesen aber ist, dass lästige Insekten wie Fliegen, Mücken und Stechmücken die Farbe hellblau abstoßend finden und sie meiden. In einigen Regionen ist es Brauch, ein Windspiel vor die Tür zu hängen, damit es mit seinen zarten Klängen die missgünstigen Geister vertreibt. Und der bei uns so beliebte Türkranz, der eigentlich aus dem Angelsächsischen kommt, ist dort weniger Türschmuck, sondern als Schutz gedacht, als ein magischer Kreis, der ebenfalls böse Geister abschrecken soll.

Ein Buchsbaum oder Wacholder, möglichst in Kugelform geschnitten und nah am Hauseingang gepflanzt, vertreibt ungebetene Gäste aller Art. Buchs hat zudem noch die bei Radiästheten bekannte Eigenschaft, geopathische Störzonen, wie Wasseradern, abzuschwächen und abzuleiten und so das Wohnklima zu verbessern.

In einigen ländlichen Gegenden glaubt man, dass die Haustüre immer fest geschlossen sein muss, denn sonst fließen Glück und Energie hinaus. Wie wahr, möchte man hier sagen, denn gerade auf dem Land in bäuerlichen Gemeinschaften wird die Haustüre oft genug nicht verschlossen, und während die Bäuerin im Stall oder Gemüsegarten arbeitet, räumen Diebe unbemerkt die Haushaltskasse aus.

An all diesen Beispielen sehen wir, wie groß die Furcht ist, dass böse Geister oder Gespenster durch die Türe ins Haus gelangen könnten. Falls das einmal geschehen ist und das Gespenst noch unschlüssig auf der Schwelle hockt, weiß der Volksbrauch aus Nordengland Rat. Es hilft, wenn die Haustür mehrmals wirklich fest zugeschlagen wird. Denn das Gespenst wird dann zwischen Tür und Rahmen gefangen und eingezwickt. Um diesem schmerzhaften Vorgang zu entkommen, ergreift es lieber die Flucht ins Freie.

Die Türschwelle ist nicht nur ein Ort der Abwehr von Bösem, es gibt auch genug Bräuche, die sich damit beschäftigen, das Gute ins Haus hineinzuziehen.

Ein Pfennigstück, neben der Eingangstür versteckt, zieht Geld ins Haus. Wird ein Stücklein Brot vor der Türe vergraben, dann muss die Familie nie hungern.

Auch die allseits beliebten gestickten Spruchbänder (»Tritt ein, bring Glück herein«) gehören zu diesem Bereich. Es ist auch heute ein schöner Brauch, der sich immer mehr verbreitet, seine Eingangstür schön zu schmücken. Türkränze, besonders schön gestaltete bunte Namensschilder und Hausnummern, Blumenstöcke und allerlei andere Dekorationen mit mehr oder weniger Geschmack ausgeführt, wollen den

Eingangsbereich freundlich machen und dadurch weitere positive Energien anziehen.

In den katholischen Gebieten des deutschsprachigen Europas ist es üblich, am 6. Januar, dem Fest der Heiligen Drei Könige, oder der drei *Magier,* wie sie auch genannt werden, besondere Zeichen mit geweihter Kreide über den Türstock zu malen:

20 C + B + M 04

Die meisten Menschen glauben, dass die Buchstaben CBM eine Abkürzung für die Namen der drei Magier sind: Caspar, Melchior und Balthasar. Diese lebten zur Zeit von Christi Geburt im Orient und verstanden etwas von Astronomie, denn sie folgten einer bestimmten Sternkonstellation, die sie direkt nach Bethlehem führte, genau an den Ort, an dem Christus geboren wurde, so steht es jedenfalls im Neuen Testament geschrieben. Das Zeichen CBM bedeutet jedoch etwas ganz anderes! Wir lesen es als lateinischen Satz wie folgt: Christus Benedicat Mansionem – Christus segnet dieses Haus. Dieser Segensspruch gilt immer für ein ganzes Jahr, deshalb ist es wichtig, dass die Jahreszahl mit aufgeschrieben wird.

Im süddeutschen Raum gehen am Dreikönigstag drei Kinder, die als Kaspar, Melchior und Balthasar verkleidet sind, mit einem Stern von Haus zu Haus, sie singen dabei Lieder, in denen um Schutz gebeten wird, dann malen sie diese Zeichen an die Haustür. Die Hausfrau, die einen ganz besonderen Schutz für ihre Familie möchte, besprengt anschließend nicht nur den Eingang, sondern auch die einzelnen Zimmer mit dem geweihten Dreikönigswasser. Dann verbrennt sie Dreikönigsweihrauch, damit auch die letzten bösen Geister vertrieben werden. Denn es ist eine bekannte Tatsache, dass »der Teufel keinen Weihrauch mag« ... wie man in Bayern sagt.

In katholischen Gegenden war es üblich – und in vielen ländlichen Gemeinden ist es das noch –, dass im Inneren des Hauses neben der Wohnungstür ein rundes Gefäß mit Weihwasser angebracht war. Es ist schade, dass diese Weihwasserkesselchen heute völlig aus den Stadtwohnungen verschwunden sind, denn sie hatten einen tieferen Sinn, der weit in die Geschichte zurückreicht. In ländlichen Wohnungen sind sie noch vereinzelt anzutreffen. Jeder, der das Haus verließ, tauchte seine Hand in das geweihte Wasser und bekreuzigte sich damit, denn so war er durch das heilige Wasser und das Kreuzzeichen geschützt, wenn er das Haus verließ.

Weihwasserschüsselchen zum An-die-Wand-hängen gibt es auch heute noch zu kaufen, z. B. an Wallfahrtsorten. Nur wenige wissen jedoch, dass ihre runde oder halbrunde Form einen ganz bestimmten Grund hat, der nichts mit der späteren christlichen Verwendung zu tun hat, sondern aus dem germanischen Kulturkreis kommt. Die Germanen glaubten, dass das Wasser bestimmter Quellen heilig sei, besonders dann, wenn es in den frühen Morgenstunden gesammelt wurde. Um dieses heilige Wasser mit nach Hause zu tragen, wurden runde Gefäße benutzt, denn es galt als Frevel, das heilige Wasser in einem Behälter aufzubewahren, den man auf die Erde stellen konnte. Denn Berührung mit der Erde verunreinigte das Wasser. Um das zu verhindern, verwendeten die Germanen runde Gefäße, die entweder getragen oder aufgehängt werden mussten. Denn wenn man in die Versuchung kam, diesen runden Behälter kurz auf der Erde abzustellen, kippte er einfach um.

Bei einigen Bauernhäusern ist ein Tierschädel, immer mit Hörner meist von Rindern, über der Haus- oder Stalltüre angebracht. Dahinter steht der Glaube, dass die Hörner den Bösen abwehren und die Geister vertreiben. Über dem Eingang zum Stall angebracht, gilt der Schädel eines Rindes als ein guter Schutz vor Seuchen, ansteckenden Krankheiten und der Pest. Mancherorts wurden die natürlichen Schädel durch geschnitzte Ochsenköpfe ersetzt. Die Hörner galten auch als Schutz vor Blitzschlag und Feuer.

Auch der Schädel eines Ziegenbocks wurde auf ähnliche Weise rituell verwendet, um die Eingangstür und die Bewohner des Hauses zu schützen. Er zog alles Ungesunde und Schlechte auf sich und wurde dadurch zum sprichwörtlichen Sündenbock. So hielt er Unheil von den Bewohnern fern. Von einem ähnlichen Brauch in Israel wird im Alten Testament berichtet: Man nahm einen Ziegenbock und hatte die Vorstellung, dass er sich die Sünden und Verfehlungen aller Dorfbewohnter symbolisch auflud. Anschließend wurde dieser »Sündenbock« in die Wüste gejagt und die Dorfbewohner waren – für eine Zeit lang – wieder frei von allen Verfehlungen.

Wir alle kennen das Sprichwort »der Haussegen hängt schief«. Gemeint ist damit, dass in einer Familie oder zwischen einem Ehepaar Zank und Streit herrscht, eine ungute Stimmung also. Die wenigsten wissen, dass dieses Sprichwort einen ganz realen Hintergrund hat. Früher war es nämlich wichtig, dass jedes Haus seinen Haussegen hatte, der im Eingangsbereich angebracht war. Damit war ein Heiligenbild, auf das Segenssprüche für Haus und Familie gedruckt waren, gemeint. Dieser Haussegen konnte nur dann voll zur Wirkung kommen, wenn er ganz gerade in der Senkrechten an der Wand angebracht war, denn sonst hing der »Haussegen schief«! In ländlichen Gemeinden, z. B. in der Schweiz, habe ich noch viele dieser Haussegen selbst gesehen. Es sind wahrhaft magische Darstellungen von Heiligen, Schutzkreuzen und magischen Sprüchen und Gebeten, die verhindern sollen, dass etwas Böses dem Haus und seinen Bewohnern schaden kann.

Mit Zeichen, Symbolen, Gebeten oder magischen Gegenständen schufen sich die Bewohner einen Schutzwall, in dem sie in Frieden und unbehelligt leben konnten.

Ähnliche Vorstellungen gibt es auch in Asien, z. B. in Thailand. Dort stehen selbst in der Großstadt vor jedem Gebäude wunderhübsche, bunt bemalte Miniaturhäuschen auf einer Säule, die so genannten Geisterhäuser. Nicht nur die Privathäuser auf dem Lande und in den Vorstädten, sondern auch offizielle Gebäude wie öffentliche Ämter, Regierungsgebäude, Banken oder Hotels haben ihre Geisterhäuser. Ist in den

Städten kein Platz dafür auf der Straße oder im Garten, so werden sie auf der Dachterrasse oder auf einem Balkon aufgestellt. In diesen Geisterhäusern »leben« die farbenfrohen Figuren von Geistern und Verstorbenen. Jeden Tag werden sie am Morgen von einem Hausangestellten mit frischem Wasser, Blumengirlanden und Räucherstäbchen versorgt. Den Geistern soll es gut gehen, denn sie sollen sich dort so wohl fühlen, dass sie in ihrem eigenen Haus bleiben und nicht in die Häuser der Menschen einziehen.

Ganz ähnlich besteht in den Alpenländern der Glaube, dass Geister ein Dach über dem Kopf brauchen. Wenn ein altes Haus abgebrochen wird, um an seiner Stelle ein neues zu bauen, stellt man an einem benachbarten Platz zwei Dachziegel so auf, dass sie ein kleines schräges Dach bilden. In dieses Häuschen ziehen dann die Gespenster ein. Tut man das nicht, so suchen sie sich bald ein neues menschliches Haus und werden zum lästigen Mitbewohner.

In einigen Ländern besteht der Brauch oder die Angewohnheit, einen Besen vor die Haustüre zu stellen. Angeblich meiden die Hexen und nachtfahrenden Geister dann diese Häuser, weil sie glauben, dass einer der Ihren schon darin ist, denn der Besen, das »Flugzeug« oder »Auto« der Hexen, steht vor der Türe.

Ein Besen vor der Türe kann aber auch noch einen anderen äußerst praktischen Sinn haben. Wie kürzlich in der Zeitung zu lesen war, wurde eine 80-jährige alte Dame beim Öffnen ihrer Türe von einem Mann tätlich angegriffen, der sie überwältigen und in ihre Wohnung eindringen wollte. Geistesgegenwärtig packte sie den Besen, der neben der Türe stand, drosch damit auf den Eindringling ein und schlug ihn in die Flucht.

Auch angelsächsische Hausfrauen schwören auf den Besen neben der Eingangstüre. Wenn ungebetener Besuch kommt, der sich festredet und keinerlei Anstalten zeigt, zur rechten Zeit wieder nach Hause zu gehen, tritt der Besen in Funktion. Ein Familienmitglied geht unauffällig nach draußen, dreht den Besen so um, dass er auf dem Stiel steht und die Borsten nach oben weisen, dann sticht es dreimal mit einer Gabel in den Besen und lässt sie in den Besenhaaren stecken. Der lästige Besuch macht sich dann bald daran, das Haus zu verlassen.

Auch die Türschwelle hat eine wichtige Funktion im Volksglauben. Sie war nämlich Sitz der guten Hausgeister. Gegen böse Geister und Gespenster vergrub man ein Säckchen mit geweihten Gegenständen unter der Türschwelle: Das Säckchen enthielt ein Stück Brot, ein Stück vom Wachs einer geweihten Kerze, einen Stängel Engelwurz und eventuell noch eine Medaille. Die feindlichen Mächte können diese Schwelle nicht überschreiten und müssen draußen bleiben. Wie stark dieser Glauben war und in einigen Gebieten noch ist, zeigt der noch heute ausgeübte Brauch, dass der Bräutigam die Braut über die Türschwelle trägt. Er will so verhindern, dass die Braut mit bösen Geistern an der Schwelle in Berührung kommt. Wir sprechen auch im übertragenen Sinn von einer Hemmschwelle, damit ist genau die geweihte Schwelle gemeint, die das Böse daran hemmt, in unser Haus zu gelangen.

In der Schweizer Stadt Chur habe ich an einem alten Walserhaus noch im Jahre 2004 eine Besonderheit, ein so genanntes Seelenfenster gesehen. Neben der Eingangstür war ein winziges Fensterlein, etwa 15 auf 20 Zentimeter groß, angebracht. Man glaubte nämlich, dass die Seele eines verstorbenen Hausbewohners im Haus gefangen blieb. Wenn jemand starb, dann öffnete man das Seelenfenster, und die Seele konnte ihren Weg in den freien Himmel nehmen. Mir wurde berichtet, dass früher die Krankenschwestern ähnliches taten: Starb jemand im Krankenhaus, dann öffneten sie das Fenster, damit die Seele nach oben fliegen konnte.

Die Fenster eines Hauses sind so etwas wie kleine Türen, für die man keinen Schlüssel braucht. Sie sollten immer sauber gehalten sein, um Licht hereinzulassen und einen guten Ausblick zu gewähren. Ein trübes, verstaubtes Fenster wirkt immer bedrückend und unheimlich.

Das englische Wort für Fenster heißt »window«, nach einer alten Interpretation bedeutet das »windeye«, also »Windauge«. Wind hat immer mit dem Geistigen zu tun. Wir erinnern uns, dass in der Heiligen Schrift sich der Geist Gottes im Wind ankündigte und zeigte. Die Windaugen hatten also immer rein und klar zu sein, um den guten Geist Gottes zu den

Hausbewohnern hineinzulassen, damit er ihnen Segen bringen konnte. Um das zu erreichen, soll eine Reinigung mit Essigwasser besonders wirksam sein.

Farbige Glasfenster halten Übles fern, denn Farben haben reinigende Strahlen. Das Licht, das durch sie in den Raum fällt, schafft eine heitere, freundliche Atmosphäre, in der Trübsal und Missstimmungen keinen Platz haben. Beonders wirkungsvoll und beeindruckend ist dieses Farbspiel in gotischen Kirchen, deren mysteriöse und gleichzeitig beschwingende Stimmung aus einer Kombination der farbigen Fenster und der Raumwirkung besteht. Alles, was draußen an Lärm oder Widrigkeiten bestehen mag, wird durch die farbigen Fenster auf eindrucksvolle Art und Weise gefiltert. Besuchen Sie einmal die Kirchen von Freiburg oder von Chartres bei Paris und Sie werden in eine ganz eigene Welt eintauchen, wenn das Licht durch mehrere tausend Quadratmeter farbiges Glas gefiltert wird.

In einem Privathaus ist das natürlich nur sehr begrenzt zu verwirklichen. Und diese dichte Wirkung der Farben sollte auch sakralen Orten vorbehalten bleiben. Aber es gibt eine nette Modeerscheinung, die uns auch etwas von dem beruhigenden Farbenzauber ins Haus bringen kann.

Hängen Sie einen Glastropfen aus geschliffenem Bleikristall ins Fenster. Das Licht, das sich in ihm bricht, lässt zarte Regenbogen entstehen, die im bunten Farbspiel durch den Raum wandern und ihm Lebendigkeit verleihen. In einem

Zimmer, das von heiteren, sich bewegenden Farbspielen durchzogen ist, fühlt man sich nicht allein.

In England gibt es den Brauch, das Fensterbrett zu »salzen«. Wenn ein Familienmitglied erkrankt ist, wäscht die Hausfrau die Fensterbretter mit Essig ab und streut dann eine dicke Schicht Salz darauf. Der Volksglaube ist der Meinung, dass der Kranke dann schneller wieder gesund wird und dass sich kein anderer aus der Familie bei ihm anstecken kann. Dieser alte »Aberglaube« ist gar nicht so unsinnig, wie man meinen könnte, denn Essig und Salz wirken reinigend und desinfizierend.

Auch wenn jemand sich vom Unglück verfolgt fühlt, hilft es, die Fensterbretter dick mit Salz zu bestreuen. Einige Päckchen Salz sollten es schon sein, die dann das Unglück vertreiben, wie man in Südengland glaubt.

Heute haben wir meist große, ungeteilte Glasfenster an unseren Häusern, denn es soll möglichst viel Licht hereinfallen und unsere Wohnungen hell machen. Bei älteren Häusern sind die Fensterflächen in mehrere kleine Scheiben unterteilt. Falls Sie in einem solchen Haus wohnen, können Sie eine magische Handlung vornehmen. Es muss aber nicht Ihr eigenes Haus sein, denn die Magie wirkt auch, wenn Sie einmal anderswo schlafen und auf solche Art unterteilte Fenster sehen. Bevor Sie einschlafen und schon im Bett liegen, zählen Sie die Fensterscheiben im Raum und stellen sich dann etwas vor, das Sie sich ganz dringend wünschen. Dann dösen

Sie ein und nehmen das Bild mit in den Schlaf. Dieser Tip stammt von einer englischen Heilerin. Eines ist ganz sicher, diese Handlung wirkt sehr beruhigend: Erst zählen Sie die Scheiben, dann visualisieren Sie das schöne Wunschbild. So können Stress und Alltagsgedanken von Ihnen abfallen!

Der Schlüssel ist ein uraltes, geheimnisvolles Symbol. Denken wir den großen goldenen Schlüssel, den der heilige Petrus auf vielen Darstellungen bei sich trägt. Mit ihm kann er uns das Himmelstor aufschließen und die Tür zum Paradies öffnen.

Ein kleiner silberner Schlüssel als Schmuckstück um den Hals gehängt, soll die Tür zum Herzen des Liebsten öffnen. Er zeigt, »du hast den Schlüssel zu meinem Herzen gefunden«. In einem alten deutschen Lied heißt es: »Du bist beschlossen in minem Herzen, verloren ist das Schlüzzelin.« Der Schlüssel als Schmuckstück hat aber nicht nur die Bedeutung in Liebesdingen. Er gilt auch als ein Instrument, um zu Weisheit zu gelangen. Er schließt dem Träger Räume zu verborgenem Wissen auf, in die er sonst nicht gelangen würde.

Einen ganz anderen Sinn hat ein möglichst großer alter Eisenschlüssel, den man sich in Norddeutschland unter die Matratze legt. Er soll nämlich dafür sorgen, dass die Potenz dessen, der auf ihm schläft, erhalten bleibt.

Diebe und unrechtmäßige Eindringlinge, wie z. B. neugierige Schwiegermütter, sollen durch folgenden Brauch abgehalten werden. Sammeln Sie einen Satz alter Schlüssel, und zwar genauso viele, wie Ihre Wohnung Türen hat. Gehen Sie im Haus umher und berühren Sie mit jedem der Schlüssel eine Türe. Dazu sprechen Sie:

»Schließ aus die Diebe nachts,
Schließ aus die Diebe tags,
Mach uns unsichtbar für sie.«

Sprechen Sie diesen Spruch bei jeder einzelnen Tür, dann binden Sie alle Schlüssel mit einen roten Band zusammen, verknoten es dreimal, und hängen es über die Eingangstüre.

Drei alte Schlüssel an einer Kette in der Hosentasche oder am Gürtel bei sich zu tragen bedeutet: Gesundheit, Liebe und Wohlstand. Ein kleiner goldener oder silberner Schlüssel an einer Halskette getragen, vermittelt dem Gegenüber, dass der Träger ein Geheimnis hat und noch viel mehr. Es zeigt auch, dass er dieses Geheimnis gerne teilen würde. Ein solcher Schlüssel als Schmuckstück ist zugleich eine Aufforderung, dass hier jemand darauf wartet, dass das »Sesam, öffne dich« doch endlich gesprochen wird. Der Träger soll sich also über entsprechende Angebote nicht wundern.

Es soll auch Glück bringen, einen alten Schlüssel mit sich herumzutragen. Wichtig dabei ist nur, dass dieser Schlüssel zu keinem bekannten Schloss mehr gehört und zu keiner Türe passt. Einen alten Schlüssel bei sich zu tragen bedeutet auch, dass wir in die Lage versetzt werden, Geheimnisse zu entdecken. Und wer wollte das nicht. Ein alter, rostiger und dennoch schön geformter Schlüssel hat etwas Geheimnisvolles an sich. In uns entsteht sofort die Vision einer Tür, die aufgeschlossen werden könnte und hinter der sich unendlich Anziehendes, Spannendes und Faszinierendes verbirgt. In alten Zeiten, als es die modernen Edelstahl-Einheitschlösser noch nicht gab, waren Schlüssel kleine oder größere Meisterwerke. Bart und Griff waren schön geformt, oft mit Mustern und Ornamenten durchbrochen, ziseliert, verziert. So trägt jeder Schlüssel in sich die Verheißung einer Tür, die damit geöffnet werden könnte.

Nicht umsonst haben wir die Mode der Schlüsselanhänger. Was es da nicht alles gibt, von plüschigen Tierchen, echten Hasenschwänzen bis zu Sternzeichen, winzigen Taschenlampen, Namensschildchen, Initialen aus Leder oder Metall, Anhänger mit einem Foto des Liebsten, das Lieblingstier in Silber oder ein Emblem des Lieblingssports, ein Wappen, ein Halbedelstein … All diese Anhänger zeigen uns, wie wichtig es ist, einen Schlüssel zu besitzen, mit dem wir etwas auf-, aber auch wieder verschließen können.

In der ganzen Welt wussten die Menschen, wie wichtig es ist, seinen eigenen intimen Bereich zu haben. Türen sind sowohl Ein- als auch Ausgang, sie müssen geschützt werden. Aus diesem Grund haben sich Menschen die verschiedensten Möglichkeiten und Gebräuche erdacht. Sie versahen die Außenwände ihrer Häuser mit Schutzzeichen, sie vergruben geweihte Gegenstände unter der Schwelle, damit ja nichts

Böses durch die Tür gelangen konnte. Heutzutage jedoch ist die Schwelle unseres Heims keine echte Hemmschwelle. Denn das Böse bedarf der Schwelle nicht mehr, es dringt durch Kabel mitten in unsere Wohnungen ein.

Internet und Fernsehen versorgen uns neben einem kleinen Prozentsatz erfreulicher Dinge vor allem mit einem Schwall von Bösem. Da ist es gut, auch diese Pforten verschlossen zu halten.

3

Die Küche als magischer Raum

Früher war die Küche das Herzstück des Hauses. Es gab meist nur diesen einen Raum, der durch das Feuer erwärmt wurde, hier drängten sich Mensch und Tier zusammen. Das ganze Leben der Familie spielte sich in diesem einen Raum ab. Die Küche war Kult- und Kulturraum des Hauses. Es wurde dort nicht nur das tägliche Essen gekocht, auch geheimnisvolle Heilpflanzen und Salben wurden dort zubereitet, um helfen zu können, wenn ein Mitglied der Familie krank war. Da passt es gut, dass das Wort »kochen« im Griechischen »magirewo« heißt. Wir erkennen sofort den Wortstamm »Magie«. Kochen hatte also mit Magie zu tun!

Der Herd war das Zentrum der Behausung. Hier wurde die wahre Magie ausgeübt, die Umwandlung von Stoffen während des Kochvorgangs. Heutzutage geht der Trend wieder in diese Richtung, und in den fantastisch eingerichteten Küchen der »Schöner-Wohnen«-Magazine wird der Herd wieder zum Kernstück einer Wohnung gemacht, während sich alles andere um ihn herum gruppiert. Die Mode entfernt sich von den zwar praktischen, aber unsozialen kleinen Küchenzeilen. Die Wohnküche ist wieder gefragt, in der Familienmitglieder und Gäste den Kochvorgang und die Vorbereitungen beobachten können. Die Hausfrau ist bei ihrer Arbeit nicht isoliert, sondern kann am Familienleben teilnehmen. Die Bilder in den Möbelhauskatalogen stimmen heiter.

Früher gab es natürlich keine Elektroherde, es regierte das offene Feuer, das nie ausgehen durfte. Wenn das Feuer einmal ausging, war das eine ähnliche Katastrophe wie heute ein Stromausfall: Es gab weder Licht noch Wärme und nicht einmal etwas Warmes zum Trinken. Es war dunkel und kalt. Daher war es eine Kunst und gleichzeitig eine ehrenvolle Aufgabe, das Feuer am Leben zu halten. So ranken sich viele Bräuche um das Herdfeuer.

Über dem Herd hingen Holzstangen, an denen alles mögliche getrocknet werden konnte, Kleider, aber auch Heilkräuter hingen hier. In den Mittelmeerländern glaubte man, dass ein Olivenzweig, der über dem Herd hing, den gefürchteten Blitzschlag abwehren würde.

Nach einem anderen Volkglauben sorgen Tannennadeln, Rosmarinzweige oder Wacholderbeeren, die ins Feuer geworfen werden, dafür, dass die Gesundheit in der Familie erhalten bleibt. Diese Vorstellung sollte man nicht als Aberglaube belächeln, denn wie die heutige Medizin bewiesen hat, wirken die frei werdenden ätherischen Öle dieser Pflanzen tatsächlich desinfizierend und können eine positive Wirkung bei Infektionserkrankungen haben.

Im Mittelalter, als die Pest in den Städten wütete, fiel auf, dass Diebe, die die Toten ausraubten, sich nicht an ihnen ansteckten. Sie rieben sich eine Ölmischung aus verschiedenen antiseptisch wirkenden Pflanzen unter die Nase. Auf einen ähnlichen Brauch gehen die berühmten Schnabelmasken zurück, die wir heute nur noch aus dem Karneval in Venedig kennen. Auch sie hatten einen bestimmten Zweck: In den Schnäbeln oder Nasen waren ebensolche wohlduftenden Kräuter untergebracht, die desinfizierend wirkten. Es ist also durchaus sinnvoll, den Herd und die Küche mit wohlriechenden Kräuterbüscheln zu verzieren.

Es war auch nicht ohne Bedeutung, mit welchem Holz der Herd geheizt wurde. Unsere Vorfahren verwendeten Eichenholz, wenn ein Familienmitglied erkrankt war. Denn die Eiche galt als ein starker Baum und das Einatmen von Eichenholzrauch wirkte kräftigend und konnte die Gesundheit wiederherstellen. Gelegentliches Heizen mit Eichenholz sorgte auch dafür, dass alle gesund und stark blieben.

Das Holz des Apfelbaums brachte etwas Liebliches ins Haus. Wer sich einen Liebsten wünschte, verbrannte Apfelholz im Ofen. Die kluge Hausfrau, die die Liebe zwischen ihrem Mann und sich erhalten wollte, machte ebenfalls Gebrauch von der Magie des Apfelbaums und fächelte den Rauch dieses Feuers in alle Räume ihres Hauses, besonders natürlich ins Schlafzimmer hinein!

Das Holz der Esche sorgte dafür, dass jeder Bewohner des Hauses immer genug Energie hatte, denn sein Rauch stärkte, einem alten Volksglauben nach, die Lebensenergie.

Diesen eher der Gesundheit und dem Wohlbefinden dienenden Gebräuchen stehen andere gegenüber, die wir als magisch oder abergläubisch beurteilen würden. So war es in England Sitte, dass junge Leute eine Hand voll Eisenkraut ins offene Herdfeuer warfen, um vor Liebeskummer geschützt zu sein.

Dort pflegte man auch einige Nägel oder Nadeln ins Feuer zu werfen, um die Angst zu bekämpfen. Man kann sich vorstellen, dass das in früheren Zeiten oft nötig war, als sich die Menschen noch mehr den Gewalten der Natur ausgeliefert fühlten. Ein Sturm, der schaurig im Kamin heulte und die Dachschindeln klappern ließ, die nächtlichen Schreie der Käuze und Wölfe und das schaurige Rauschen des Waldes konnten selbst einem erwachsenen Mann Angst machen, vor allem wenn er glaubte, böse Geister oder Dämonen wären die Verursacher.

In einigen Ländern stand stets ein Salztopf neben dem Herd: Immer wenn ein Streit aufkam oder auch bei drohender Gefahr, warf die Hausfrau schnell eine Handvoll Salz in die offene Flamme. Das Salz reinigte die Atmosphäre und es herrschte wieder Frieden in der Familie. Denn es war wichtig, dass die

Familie fest zusammenhielt, nur wenn sie sich einig war, fühlte sie sich stark.

Brauchte die Familie dringend Geld, so tat sie gut daran, täglich ein paar Kiefernzweige im Herd zu verbrennen, denn diese Handlung sollte das nötige Geld ins Haus hineinziehen.

Früher hatten die Menschen einen ambivalenten Bezug zum Feuer. Einerseits war es nötig, um zu kochen und das Haus warm zu halten. Und es war wichtig, dass das Herdfeuer niemals ausging. Sie hatten aber auch eine begründete Angst vor den Kräften des Feuers. Nicht nur der Blitzschlag war gefürchtet, der ganze Dörfer und Städte in Brand setzen konnte, auch des Herdfeuer selbst konnte, wenn er nicht gut bewacht und geschützt war, auf das ganze Haus übergreifen und alles vernichten. Deshalb legte man in manchen Gegenden ein Hufeisen in die Asche des Herdes. Man glaubte, dadurch vor einem ausbrechenden Brand geschützt zu sein, weil das Hufeisen das Feuer in Schach hielt und Herd und Haus schützte.

Auch heute noch werden in England drei Kreise mit Kreide an den Herd gezeichnet. Das beruht auf dem alten Glauben, dass böse Kräfte dann das Herdfeuer weder auslöschen noch in Haus und Hof verstreuen und ausbreiten können.

Wie wir sehen, waren Herd und Herdfeuer so eminent wichtig, dass sie mit allen möglichen Ritualen geschützt wurden. So wurde ein nagelneuer Ofen mit Vorsicht und Argwohn betrachtet. Erst wenn seine Schieber voll von Asche waren, wenn er also schon eine Zeit gebrannt hatte, war auf ihn Verlass. Erst dann brachte er Glück ins Haus, weil er gut funktionierte.

Ebenfalls aus England kommt folgende Sitte. Wenn eine Frau ihren Mann an eine Rivalin verloren hat, soll sie sieben Nächte hintereinander am Feuer sitzen, an ihren Mann denken und ab und zu etwas Salz ins Feuer werfen. Die Rivalin verliert dann ihren Einfluss und der Ehemann kehrt wieder zurück. Bei diesem Ritual war es verboten, direkt in die Flammen hineinzusehen, denn das galt als gefährlich für Augen und Gehirn.

Auch das Feuer selbst konnte Auskunft z. B. über das bevorstehende Wetter geben und diente in einigen Gegenden als Wettervorhersage. War das Feuer besonders hell, dann gab es Regen. Leuchtete die Flamme blau, stand ein plötzlicher Kälteeinbruch bevor. Wenn das Feuer, bevor es ausging, schnell aufflammte und flackerte, deutete das auf unbeständiges Wetter hin. Die Alten beobacheten also aus vielerlei Gründen das Feuer, einmal um das Feuer selbst zu schützen, dann um Haus und Hof vor dem Feuer zu schützen und schließlich noch zur Wetterbeobachtung und aus magischen Gründen. Wenn gar eine Katze auf ihrem Lieblingsplatz am Feuer saß, bedeutete das Glück für die Familie und ein glückliches Heim.

Alte Bauernhäuser hatten oft nur einen einzigen (beheizten) Raum, die Küche, in dem gekocht, gelebt, gebetet und auch geschlafen wurde. Manchmal wurden sogar Ziegen und Schafe mit hineingeholt, um sich gegenseitig zu wärmen. Die Küche wurde in solchen Häusern auch nicht Küche genannt, sondern die Stube, in der sich alles Leben abspielte. Dieser eine Lebensraum für alle Familienmitglieder bedurfte natürlich eines besonders starken Schutzes.

Betritt man ein solches Haus, dann fällt der erste Blick in die rechte Ecke des Raumes, auf den Herrgottswinkel. Auf einem dreieckigen Eckbrett oder in einem kleinen Holzkästchen stellte man ein Kruzifix auf. Quer hinter das Kreuz steckte man den jedes Jahr neu geweihten Palmbuschen, einen Strauß aus Palmkätzchen oder Olivenzweigen, der immer wieder am Palmsonntag erneuert und ausgetauscht wurde. Daneben hingen Bilder der Gottesmutter, oft mit dem Kräuterbüschel verziert, das jedes Jahr am 15. August, dem Fest von Maria Himmelfahrt, gesammelt und geweiht wurde. Dieses Fest leitete den so genannten »Frauendreißiger« ein, die dreißig Tage zwischen dem Fest Maria Himmelfahrt und Maria Geburt am 8. September. Zu dieser Zeit haben alle Heilkräuter eine besonders starke Kraft in sich.

Auch die Bilder oder Statuetten anderer Heiliger, die besonders verehrt wurden, waren dort anzutreffen. Der heilige Leonhard, der das Vieh schützte, Sebastian oder Rochus, die vor Krankheiten bewahrten, die heilige Agnes, die besonders bei Zahnweh half, und besonders natürlich der heilige Judas Thaddäus, einer der 14 Nothelfer. Letztgenannter galt als sicherer Helfer in allen ganz aussichtslosen Angelegenheiten und wurde daher besonders innig verehrt.

Der erste Blick des Eintretenden fiel also mit voller Absicht auf dieses kraftvolle Szenarium. Betrat ein Mensch mit böser Absicht oder gar ein unguter Geist die Stube, wurden die negativen Kräfte durch die Kraft des Herrgottswinkels zurückgeworfen und gebannt.

Vielleicht überlegen auch Sie sich, ob Sie nicht dafür sorgen wollen, dass Gäste, die bei Ihnen eintreten, sogleich besonders starke Zeichen des Schutzes erblicken.

4
Die gute Stube

Mit den modernen Wohnzimmern unserer Wohnungen und Häuser haben wir etwas absolut Neues, das vor noch gar nicht so langer Zeit erst in unser Alltagsleben eingegangen ist. Unsere Vorfahren hatten kein Wohnzimmer! Daher gibt es keine alten Bräuche und Sitten, die dieses Zimmer betreffen. Es gibt nur einige Ratschläge, diesen Raum so zu gestalten, dass wir uns mit Freude darin aufhalten und ihn als einen Ort der Rekreation erleben.

Früher war, wie schon geschildert, die Küche der einzige Raum, der als Stube, Arbeits- und Schlafraum diente. Erst mit der Verbesserung der Lebensverhältnisse entstand die so genannte »gute Stube«, die unserem heutigen Wohnzimmer entspricht.

In vielen Wohnungen und Häusern wurde die gute Stube einst nur zur Repräsentationszwecken genutzt, zum Beispiel wenn Besuch kam oder eine Familienfeier bevorstand. Die gute Stube war einfach zu schön eingerichtet, um sich dort wirklich wohl fühlen zu können. Ich habe in Bürger- und Bauernhäusern selbst vor einigen Jahren noch mehrere dieser guten Stuben gesehen, die vor Steifheit und Kälte nur so strotzten und wirklich keinen einladenden Eindruck machten – es wurde ja auch nicht in ihnen gelebt. Repräsentative Bilder in prächtigen Rahmen hingen da, teure kalte Ledersofas standen da, ein blank gewischter Couchtisch. Und immer wieder die unvermeidlichen Häkeldeckchen auf den Armlehnen und Kopfenden der Sessel, um den Bezugsstoff zu schonen. Da ja dort nicht wirklich gewohnt wurde und es zu umständlich war, den Raum mit frischen Blumen zu schücken, finden sich dort Sträuße aus getrockneten Blumen oder Kunstblumen. In einem einzigen solchen Wohnzimmer zählte ich allein 16 Sträuße aus Stoffblumen: Keinerlei Zeichen eines familiären Lebens war zu sehen, wie eine aufgeschlagene Zeitung, ein angefangener Brief oder ein Strickzeug, kein Kinderspielzeug, nichts.

Ähnlich, aber natürlich der heutigen Mode angepasst, sind die eleganten und weitläufigen Wohnräume, die in den Magazinen und Illustrierten gezeigt werden. Auch hier liegt oder steht nichts herum, was auf lebende Bewohner schließen lässt, das erlaubt der Minimalismus der Innenarchitekten nicht.

Ich denke, ein Wohnzimmer sollte wirklich zum Wohnen da sein. Und wo menschliches Leben ist, gibt es nun mal die entsprechenden Zeichen davon. Da früher nur in der Stube und nicht in der »Guten Stube« gelebt wurde, gibt es auch keine spezielle Magie für unser Wohnzimmer. Ich denke, es ist wichtig, dass Sie sich dort auch wirklich wohl fühlen und sich jedes Mal freuen, wenn Sie es betreten.

Aus diesem Grund entfernen Sie alles, was nicht Ihrem persönlichen Schönheitsempfinden entspricht! Man kann sich auch an etwas Hässliches gewöhnen, so dass man es kaum mehr bemerkt. Richten Sie Ihren Blick im Kreise herum auf jeden Gegenstand, auf jedes Bild. Wie viele Objekte stehen herum, die Sie sich niemals selbst gekauft hätten, einfach deshalb, weil Sie Ihnen nicht gefallen? Es gibt wirklich keinen Grund sie aufzuheben.

Die flaschengrüne Muranovase, die Sie zur Hochzeit bekamen, den ledergebundenen Roman, den Sie schon mehrmals lustlos durchgeblättert und nie gelesen haben, die kratzige Sofadecke in unsäglichen Farben, von Ihrer Tante gehäkelt. Alles Dinge, die Sie aus Pietät oder weil sie viel Geld gekostet haben, aber gegen Ihren Geschmack aufbewahren. Geben Sie sie weg oder lassen Sie sie mit einem plumpsenden Geräusch in der Mülltonne verschwinden – Sie werden sie keinen Tag lang vermissen.

Auch alte gelesene Magazine und Zeitungen werden einmal in der Woche entsorgt – und schon fühlen Sie sich wieder etwas freier. Es gefällt Ihnen auch nicht, die Hochzeitsfotos Ihrer Eltern und Schwiegereltern zu betrachten – sie sind in einem Album viel besser aufgehoben! Falls sich die Geschmäcker Ihrer Lieben wirklich sehr unterscheiden, sorgen

Sie dafür, dass jeder für eine gewisse Zeit lang das Wohnzimmer dekorieren darf.

Ein kleiner Tipp noch bezüglich des Fernsehers: Wollen Sie wirklich, dass er so bestimmend an einem besonderen Platz im Wohnzimmer steht? Je exponierter er steht, umso häufiger zieht er Sie an, und Sie verbringen Ihre kostbare Lebenszeit mit mehr Fernsehen, als Sie wirklich wollen. Geben Sie dem Gerät den Platz, der ihm zusteht. Der Fernseher sollte aber nicht der zentrale Mittelpunkt des Wohnzimmers sein. Neben einem Teil erfreulicher, amüsanter und schöner Berichte bringt der Fernsehapparat eine Menge ganz und gar abscheulicher Dinge in unsere Wohnungen. Möchten Sie wirklich, dass Angelegenheiten, mit denen Sie privat gar nichts zu tun haben wollen, plötzlich an Sie herangetragen werden, ja buchstäblich auf Ihrem Wohnzimmerteppich ausgeschüttet werden? Vergewaltigung, Morde, Verrohung und pervertierte Sexualität sind Norm, gemeinsam mit einer absichtsvollen und unbeschreiblichen Volksverdummung. Sie lernen dadurch immer mehr zu tolerieren, was nicht zu tolerieren ist, und Ihren Kindern wird das alles dann ganz selbstverständlich sein!

5

Das geschützte Schlafzimmer

Hier halten wir uns ohne Zweifel den größten Teil unseres Lebens auf! Das Schlafzimmer sollte eine friedliche, entspannende Atmosphäre haben, damit wir dort auch wirklich zur Ruhe kommen können. Unruhige Farben und Muster von Vorhängen stören dabei gewaltig. Auch die so beliebten Bettgarnituren in wilden Mustern und vor allem in der Farbe Rot beeinflussen uns so, dass wir nicht ruhig werden und einschlafen können. Für alle Dekorationsartikel des Schlafraums gilt, weniger ist hier mehr! Trotzdem braucht dieser Raum nicht karg und kalt auszusehen und Ungemütlichkeit auszustrahlen. Zarte Farben, uni oder mit reduzierten Mustern, sind hier angebracht.

Haben Sie schon einmal getestet, in welcher Weise Bücher, die im Schlafzimmer aufbewahrt werden, Ihren Schlaf und Ihre Träume beeinflussen? Ich meine nicht die Bücher, die Sie tatsächlich gerade lesen, sondern all jene Bücher, die im Regal neben Ihrem Bett stehen. Entfernen Sie alles Geschriebene aus diesem Raum und Sie werden sich wundern, wie angenehm und erholsam Sie schlafen. Das Gleiche gilt natürlich in besonderer Weise für Computer und TV-Geräte, die in einem Schlafzimmer aber auch gar nichts zu suchen haben! Sie führen ganz sicher zu einem schlechten Schlaf und zu den von unseren Vorfahren so gefürchteten Albträumen.

Neben Frieden und Ruhe sollte das Schlafzimmer aber einen geschützten Raum bilden, in dem wir uns ganz sicher fühlen. Ein gesunder, tiefer Schlaf ist unschätzbar wichtig für Gesundheit und Wohlbefinden. Aber im Schlaf sind wir auch angreifbar und verletzlich in unserer Ruhe. Das wussten auch schon die Alten, die vor allem die gefährlichen Albträume fürchteten. In vielen Ländern glaubte man, dass Albträume durch spezielle Wesenheiten oder böse Geister verursacht würden. Diese hatten ihre Freude daran, sich ans Bett des Schläfers zu setzen, ihn zu erschrecken, so dass er voller Angst und mit klopfendem Herzen aus dem Schlaf herausfuhr.

Auch hier halfen heilige Bilder, vor allem die von Schutzengeln, die man besonders über die Betten von Kindern hängte. Die rührenden Szenen zeigten meist ein Geschwisterpaar, das arglos über eine schadhafte Brücke oder ahnungslos an einem gefährlichen Abhang entlangging. Für die Kinder unsichtbar, folgte ihnen ein Engel, der sie schützend begleitete. Dieser Engel beschützte und begleitete die Kleinen auch im Schlaf. Ein kurzes Gebet zum Schutzengel vor dem Einschlafen schuf die Gewissheit, nicht alleine zu sein. Die finstere Nacht war dann nicht mehr ganz so dunkel, denn das Kind wusste, sein

Schutzengel stand die ganze Nacht neben seinem Bett und passte auf es auf.

Ein sehr beliebtes Abendgebet für Kinder ist:

Abends, wenn ich schlafen geh
Vierzehn Englein um mich stehn.
Zwei zu meiner Rechten,
Zwei zu meiner Linken.
Zweie, zu meinen Häupten,
Zwei zu meinen Füßen.
Zweie, die mich decken,
Zweie, die mich wecken,
Zwei, die mich weisen
Ins himmlische Paradeisen.

Die Engel umstellen das Kind wie ein lichter Wall aus Liebe und Schutz, sie sorgen sogar dafür, dass es immer gut zugedeckt bleibt und schöne Träume vom Paradies hat!

In den Schweizer Alpen glaubte man, dass schlechte Träume durch ein Wesen namens Töggeli, eine Art Nachtgespenst, hervorgerufen wurden. Es galt nun dieses Töggeli mit allen möglichen Mitteln abzulenken, so dass es nicht dazu kam, den Schlafenden zu erschrecken. Im Alpenraum stellte man daher eine grobe Holzpuppe mit langen wirren Haaren aus Hanf oder Garn neben das Bett. Das Töggeli machte sich sogleich daran, die Haare zu ordnen und zu flechten und vergaß dabei sein eigentliches Ziel, Albträume zu verteilen.

Aus fünf Ästchen eines geweihten Holzes, oft aus dem am Palmsonntag geweihten Palmbuschen, wurde das so genannte Töggeligitter gemacht. Zwei längliche Stäbe wurden in der Mitte senkrecht durch einen etwas kürzeren Ast geteilt. Dazwischen wurden X-förmig zwei weitere Ästchen geschoben. Das Gitter aus geweihtem Holz, das über dem Bett befestig wurde, vertrieb das Gespenst sicher. Legt man sich das Gitter jedoch auf den Bauch, so dauert es nicht lange, bis dort eine sehr angenehme, kraftvolle Wärme zu spüren ist. Ein Experiment, das Sie jederzeit selbst überprüfen können.

In Deutschland ist der Name Töggeli unbekannt, der Albtraum selbst wurde aber auch hier personifiziert und »die Drud« genannt. Die Drud war eine unglückliche Frau, die den Drang hatte, nachts umherzuwandern und in die Schlafzimmer einzudringen. Das geschah jedoch nicht aus böser Absicht, sondern zur Drud wurde man ganz unschuldig und durch den Fehler eines anderen. Und das ergab sich so: Wenn der Pfarrer bei der Taufe eines Kindes versehentlich ein lateinisches Wort der Taufformel falsch aussprach oder ausließ, wurde das kleine Mädchen zur Drud und musste seinem inneren Zwang folgen. Wie das Töggeli legte sich die Drud auf die Brust der Schläfer und sorgte für heftiges Albdrücken.

In England glaubte man, dass ein Besen, quer über die Schlafzimmertüre gehängt, solche Albträume vertreibt. Noch besser sei die Wirkung, wenn neben das Bett ein paar Knoblauchzehen gelegt werden. Kinder und Babies stellte oder legte man einen kleinen Besen neben das Bettchen, damit sie im Schlaf vor unguten Einflüssen und schlechten Träumen geschützt seien.

Die sonst so abergläubischen Chinesen sehen die Sache mit den Albträumen nüchterner an. In China ist man der Meinung, dass Träume ausschließlich durch eine gestörte Verdauung hervorgerufen werden – eine Erfahrung, die sicher jeder von uns schon einmal gemacht hat. Unsere Großmütter ermahnten uns, aus diesem Grund am Abend nicht mehr viel und nur ganz Leichtes zu essen! Und wie vielen von uns gingen unsere Mütter und Großmütter auf die Nerven, wenn sie uns nahe legten, dass der Schlaf *vor* Mitternacht der gesündeste sei!

Paradoxerweise ist die Wichtigkeit und Wahrheit dieser altmodischen Ansichten in den letzten Jahren durch die moderne Medizin wieder festgestellt worden. Wer auf sein Abendessen verzichtet, schläft tiefer, träumt wenig und wacht buchstäblich gesünder auf. Denn bei leerem Magen werden nachts Zellen gebildet, die alle kranken und schadhaften Zellen in unserem Körper auffressen oder reparieren. Ebenso wird dann die Bildung des Wachstumshormons angeregt, das uns jugendlich und frisch macht. Vor Mitternacht produziert der Körper selbst das Hormon Melatonin, das ebenfalls für Jugendlichkeit und einen gesunden Schlaf sorgt.

Einige Dinge, die früher als altmodisch belächelt und abgetan wurden, haben also doch eine tiefe Berechtigung. Nur konnten im Gegensatz zu uns, unsere Mütter und Großmütter nicht wissenschaftlich erklären, weshalb das so ist.

Eine andere alte Weisheit, die ich Ihnen weitergeben möchte, ist folgende: Nach einer schlechten, unruhigen Nacht, wenn Sie krank gewesen sind oder Albträume hatten, aber auch nach einem Streit, ist es ganz wichtig, sofort die Bett- und Nachtwäsche zu wechseln! Alle Sorgen und aller Frust, die uns während einer schlaflosen Nacht beunruhigten, alle Schmerzen, die wir hatten und alle Unbehaglichkeiten lagern sich mit unseren Körperausdünstungen in der Nachtwäsche ab. Es ist also notwendig, das Bett frisch zu beziehen, damit Sie die kommende Nacht wieder gut schlafen können! Auch nach einem Ehestreit ist diese Methode zu empfehlen! Es schläft sich ganz anders, wenn das Bettzeug, dem die »Streitmoleküle« noch anhaften, in die Waschmaschine entsorgt wurde. Dasselbe gilt für eine Nacht, in der es Ihnen gesundheitlich schlecht ging: Sie haben nach dem Wechseln der Wäsche die Chance, noch einmal ganz neu und frisch wieder anzufangen!

In China glaubt man, dass ein Deckenbalken, unter dem ein Bett steht, auf den Schläfer sehr bedrückend wirkt. Das kann in Einzelfällen tatsächlich so sein. Wenn Sie aber zu den Menschen gehören, die einen solchen Balken gemütlich finden, dann schlafen Sie ruhig weiter und lassen Sie den Balken einen Balken sein. Schließlich kommt es darauf an, dass Sie sich wohl fühlen.

Es gibt verschiedene Ansichten über die Stellung des Bettes. Anerkannt am meisten Zustimmung bei den Wissenschaftlern findet die Position, bei der der Kopf im Norden und die Füße gegen Süden zu liegen kommen. Das hat mit dem magnetischen Nordpol zu tun. Ein Mensch, der so im Bett liegt, richtet seinen Körper nach dem natürlichen Fluss des Erdmagnetfeldes aus. Der Körper muss sich also im Schlaf nicht anstrengen, sondern folgt dem natürlichen magnetischen Verlauf. In dieser Schlafposition erholt sich ein Kranker schneller. Der Norden gilt dem alten germanischen Glauben nach als Ursprung großer magischer Kraft, er steht für Ruhe und Wohlstand.

Akzeptabel ist es auch, wenn der Kopf nach Osten und die Füße nach Westen zu liegen kommen. Denn so wird dem Lauf der Sonne entsprochen, die im Osten auf- und im Westen untergeht. Die Körperenergien folgen auch in dieser Lage dem natürlichen Verlauf des Tages. Die Richtung des Sonnenaufgangs wird nach dem Glauben der Alten zudem noch mit Religion, Spiritualität und einem freiheitsliebenden Geist verknüpft.

Von allen anderen Schlafrichtungen raten die Wissenschaftler ab, sie werden auch im Volksbrauchtum nicht hoch bewertet. Besonders schlecht für Schlaf und Gesundheit ist es, entgegengesetzt zum Erdmagnetfeld zu schlafen, also mit dem Kopf nach Süden! Hier sollte die Schlafrichtung unbedingt geändert werden. Manchmal bewirkt es geradezu ein Wunder, sich in diesen Fällen einmal verkehrt herum ins Bett zu legen! Schlaflosigkeit und häufige Gesundheitsstörungen können ganz schnell verschwinden.

Auch entgegen der Richtung der Sonnenlaufbahn zu schlafen, also mit dem Kopf nach Westen, ist nicht zu empfehlen.

Aus magischen Gründen, etwa um prophetische Träume oder die Kreativität anzuregen, ist es möglich, für ein oder zwei Stunden in dieser Richtung zu liegen. Aber bitte nicht länger, sonst entsteht ein nervliches und metabolisches Ungleichgewicht und der Körper muss sich doppelt so viel anstrengen, um wieder gut funktionieren zu können.

Obwohl im Schlafzimmer Spiegel und vor allem Spiegelschränke sehr beliebt sind, rate ich dringend davon ab. Auch unsere Vorfahren wiesen darauf hin, dass Spiegelflächen in der Nähe des Bettes nichts zu suchen haben. Wenn es nicht möglich ist, z. B. eine große Schranktüre auszutauschen, genügt es, sie nachts mit einem Lacken zu verhängen. Spiegel bringen eine große Unruhe in den Schlafraum. Der Schlaf wird flach und oberflächlich. Große Spiegel scheinen auch Wassereinlagerungen im Körper zu begünstigen. Ganz zu schweigen, dass es erschreckend wirken kann, sich nachts im Halbschlaf selbst im Spiegel zu sehen. In England fürchtete man sich davor, beim nächtlichen Blick in einen Spiegel so zu erschrecken, dass man die Seele verlieren konnte. Auch die Geister Verstorbener konnten sich im Spiegel manifestieren und den Schläfer erschrecken.

Eine Lage Farnkraut unter dem Betttuch verteilt, soll rheumatische Schmerzen zum Verschwinden bringen. Ein Kissen mit wohlduftenden Kräutern gefüllt (Aber bitte nicht mit Rosmarin, denn das macht wach!), wirkt beruhigend. Die durch die Körperwärme aufsteigenden ätherischen Öle der Kräuter haben einen guten Einfluss auf Atemwege und

6
Das Bad und die Schönheitsmagie

Früher glaubte man, dass Baden und Waschen schädlich für die Gesundheit sei. Deswegen vermieden es sogar wohlhabende Menschen, zu viel mit Wasser in Berührung zu kommen und sich zu baden. Sie verwendeten lieber Parfüms und Duftstoffe, um die strengen Körpergerüche zu überdecken. Ganz berühmt geworden ist in diesem Zusammenhang das Unterhemd der spanischen Königin Isabella. Sie gelobte, es so lange nicht zu wechseln, bis ihr Mann aus dem Krieg zurückkehrte. Erst nach zwei Jahren konnte sie wieder ein frisches Unterkleid anziehen, das alte war danach »isabellenfarbig«! Diese Bezeichnung gibt es noch heute für eine undefinierbare beige-braune Tönung eines Stoffes!

Vielleicht war auch die Abneigung der höheren Gesellschaft dem Wasser gegenüber mit einer der Gründe, weshalb der Herr Graf oder Baron den intimen Umgang mit einem sauberen Landmädel dem mit einer parfümierten und streng riechenden Aristokratin vorzog.

Aber Wasser ist und bleibt ein Lebensquell. Da unser Körper zu 70 Prozent aus Wasser besteht, haben wir eine starke Affinität zum Wasser und in der Tat eine noch stärkere zum Meerwasser. Denn in unserem Blut sind die Zellsalze und Elemente enthalten, die wir auch im Meerwasser finden. Wenn sie in einem ausgewogenen Verhältnis und in ausreichender Menge im Blut vorhanden sind, sind wir gesund und fühlen uns wohl. Deswegen sind Trinkkuren mit Meerwasser, das Zuführen biochemischer Zellsalze in Tablettenform und die Behandlung mit natürlichem Salz, die in letzter Zeit so in Mode gekommen sind, sehr beliebt.

Ein Wort noch zu einem angeblich besonders heilkräftigen Salz, das unter dem Namen Himalayasalz teuer (500 Gramm kosten etwa 23 Euro) vermarktet wird, und dem gleichsam wunderbare magische Kräfte zugeschrieben werden. Es wird als besonders alt und damit auch als besonders wertvoll hingestellt, aber das ist nicht wahr. Denn die Salzlager im Himalaya und im österreichischen Salzkammergut entstanden zur gleichen Zeit vor 250 Millionen Jahren durch Austrocknen der Meere. Durch die Verschiebung der Kontinente verlagerte sich ein Teil desselben Salzdepots nach Nepal. Auch die Angaben über angeblich mehr Mineralstoffe im Himalayasalz sind nicht zutreffend: Kochsalz besteht aus 96 Prozent Natriumchlorid und Himalayasalz aus 97 Prozent. Der Rest sind Wasser, Verunreinigungen und Mineralstoffe, wie die Deutsche Gesellschaft für Ernährung (DGE) bestätigt. Das, was in unserer Nähe »wächst«, bekommt unserem Körper am besten.

Das Salz ist kostbar und lebensnotwendig und es wird tatsächlich für vielerlei gesundheitliche und magische Zwecke verwendet. Weshalb nicht eine Reise ins Salzkammergut machen, die alten Salzstraßen und Bergwerke besuchen und sich von dort sein Salz mitbringen? An diesen Orten können wir uns magisch mit der Kraft auftanken, die unserer Kultur entspricht. Schließlich lebten dort vor Tausenden von Jahren unsere Ahnen und hinterließen uns ihre Spuren. Besonders verwunschen und magisch ist der Ort Hallstadt (hall = Salz) am Hallstädter See. Mit dem Salz aus dem dortigen uralten Bergwerk nehmen Sie auch eine gehörige Portion Magie mit nach Hause.

Die meisten Menschen lieben die Vereinigung mit dem Wasserelement. Ob wir nun baden, schwimmen, tauchen oder eine Geburt im Wasser erleben, im Wasser fühlen wir uns nicht durch die Schwere unseres Körpers belastet, deshalb werden auch zunehmend Geburten im Wasser sogar in Krankenhäusern angeboten. Wenn wir uns mit dem Wasserelement vereinigen, sind wir zu 70 Prozent in unserem Element.

In den christlichen Kirchen wird heute noch mit Wasser getauft, um die Aufnahme eines Menschen, meist eines kleinen Kindes, in die Gemeinschaft zu symbolisieren. Dem Baby wird vorsichtig etwas geweihtes – und meist auch angewärmtes – Wasser über das Köpfchen gegossen, während die Taufformel mit dem gewählten Vornamen ausgesprochen wird.

Die östlichen christlichen Kirchen jedoch und verschiedene christliche Neugruppierungen pflegen noch den alten Taufritus, bei dem der Täufling mit dem ganzen Körper im Wasser untergetaucht wird. Damit ist die Vorstellung verbunden, dass alles Belastende der Vergangenheit abgewaschen wird, alle Verfehlungen und Sorgen, damit der Mensch jetzt ein völlig unbelastetes Leben ganz von vorne und wie neu beginnen kann. Eine sehr schöne Vorstellung, die verständlicherweise umso befreiender wirkt, je älter die Person ist, die auf diese Weise getauft wird. Es klingt geradezu verlockend, dass durch Untertauchen in Wasser und mit Hilfe alter Gebetsformeln alles Belastende, sei es selbst erlebt oder aus der Familiengeschichte unfreiwillig übernommen, abgewaschen wird! Das ist auch der Grund, weshalb einige Menschen darauf schwören, nach unliebsamen Erlebnissen eine gründliche Dusche zu nehmen. Sie lieben die Vorstellung, dass dann alles Unangenehme an ihnen abfließt wie das Wasser.

In alten Zeiten wurden Quellen und deren Wasser für heilkräftig gehalten und hochverehrt. Sogar in grauer Vorzeit gibt es Zeugnisse davon. Ich denke dabei an eine Quelle mit einem kleinen Wasserfall in der Schweiz. Im Quellbecken wurden unzählige Herzen aus Stein, meist von dunkler Farbe, gefunden. Sie waren eine Opfergabe von wallfahrenden Frauen, die einen Kinderwunsch hatten und sich dessen Erfüllung durch ein Bad im Quellwasser erhofften. Diese Herzen sollen nicht das Organ Herz darstellen, wie man dem ersten Eindruck nach glauben möchte. Sie sind vielmehr ein Symbol für den Uterus der Frau, in dem die Kinder heranwachsen. Diese Stein-Uteri wurden in das Becken unterhalb des Wasserfalls geworfen, um sie der Quellgöttin zu opfern. Die Nymphe bedankte sich dann gnädig, in dem sie der Frau ein Kind schenkte, wie die Legende erzählt.

Die Germanen und Kelten teilten diesen alten Glauben. Auch heute noch gibt es heilige und heilkräftige Quellen. Einige davon befinden sich sogar im Inneren von Kirchen oder heiligen Hainen und können zudem in unserer Zeit besucht und angewendet werden. So befindet sich mitten in der St.-Wolfgangs-Kirche im gleichnamigen Ort in Bayern eine Quelle unter einem Altar, aus der man Wasser schöpfen kann. Die Quelle des Frauenbründl bei Glonn, auch in Bayern, entspringt unter einer Kapelle und ergießt sich dort in ein kleines Außenbecken.

Ebenso ist es mit der Quelle von St. Leonhard in Österreich, die in der Kirche selbst entspringt und an einem Brunnen direkt neben der Kirchenmauer abzupumpen ist. Die berühmte Heilquelle von Adelholzen entspringt in einem heiligen Hain – dem »Holz von Adilo« – und ist ebenfalls gut zugänglich. Es gibt unzählige Beispiele für heilige Quellen, die inmitten von Kirchen oder direkt daneben liegen.

Sollte ein Kranker genesen, so gab man ein Pfund Salz ins Badewasser – Salz war früher ein kostbares und teuer bezahltes Gut. Wasser und Salz sollten die Krankheit aus dem Körper lösen, die Krankheit wurde gleichsam ins Wasser abgegeben und mit dem ablaufenden Wasser hinweggespült. Der Glaube, dass Salz und Wasser Negativität neutralisieren können, ist uralt. Die Anwendung von Salz reinigt, heilt und stärkt den Körper nach altem Glauben.

Auch das Osterwasser hatte eine besondere Bedeutung und Kraft. In der Osternacht wird in den Kirchen nicht nur das Osterfeuer entzündet, sondern auch das Wasser geweiht. In der Osterzeit erhält alles Wasser in der Natur eine besondere Bedeutung. Wer sich am Ostermorgen in fließendem Wasser, einem Bach oder Fluss wäscht, bleibt immer jung und schön. Wer eine Quelle in seiner Nähe hat, darf glücklich sein, am Ostermorgen hat dieses Quellwasser eine viel stärkere und andere Kraft als sonst: Es wird zu Osterwasser und heilt vielerlei Krankheiten, wie Ausschlag oder andere innere Krankheiten. In ländlichen Gemeinden trieb man daher am Ostervormittag das Vieh ins Wasser, um es für ein Jahr vor Krankheiten zu schützen.

Früher hatten die Menschen sehr viel Angst vor dem bösen Blick und vor dem Verhextwerden. Dagegen gab es sicher wirkende Heilmittel. Man stellte einen sehr starken Aufguss aus Thymian her, indem man eine Hand voll Thymiankraut in zwei Liter kochendes Wasser gab und 15 Minuten lang ziehen ließ. Diese Flüssigkeit wurde abgeseiht und zum Badewasser gegeben. Sie können es selbst ausprobieren und werden merken, dass Sie sich nach einem *kurzen* Thymianbad wirklich wie neugeboren fühlen. Wichtig ist dabei Folgendes: Die Temperatur des Badewasser sollte lauwarm sein und die Badezeit sollte höchstens sieben Minuten betragen. Andernfalls werden das Nervensystem und der Kreislauf zu stark angeregt. Am besten tauchen Sie auch mit dem Kopf unter und waschen sich die Haare im Thymianwasser.

Ein ähnliches altes Rezept gegen Verzauberungen besteht darin, folgende Zutaten bereitzustellen: Eine große Zigarre, zwei Hand voll frischer Brennnesselblätter (oder eine Hand voll getrockneter), eine Hand voll Meersalz, drei Liter Wasser. Bringen Sie das Wasser in einem großen Topf zum Kochen und nehmen es dann vom Herd, geben Sie das Salz und die Brennnesselblätter hinzu. Zuletzt schneiden Sie die Zigarre in etwa drei Zentimeter lange Stücke und werfen sie in das heiße Wasser. Das Ganze soll etwa 15 Minuten lang durchziehen, aber nicht kochen. Seihen Sie den Sud ab und lassen ihn so lange abkühlen, bis er nur noch lauwarm ist, dann geben Sie ihn in eine große Kanne. Stellen Sie sich in die Badewanne und lassen die Flüssigkeit über Kopf und Körper fließen, bis sie ganz aufgebraucht ist.

In England gibt man eine glitzernde Pennymünze in das erste Badewasser eines Babies, um ihm ein Leben in Wohlstand zu sichern. In aller Welt ist es Brauch, in Brunnen oder Quellen etwas Glänzendes hineinzuwerfen. Besonders bekannt ist dieser Brauch am Fontana-Trevi-Brunnen in Rom. Noch heute stehen Touristen mit dem Rücken zum Brunnen und werfen eine Münze hinein, damit sie wieder nach Rom zurückkehren können. Ähnliches ist in Italien an der alten Schwefelquelle von Moritzing bei Bozen zu sehen. In der Antike opferten die Menschen zahllose Metallstatuetten, Münzen und Schmuckstücke an dieser heilkräftigen Quelle. Diese Sitte kommt daher, dass man früher an Quellnymphen, weibliche Wesen, die in Quellen wohnten, glaubte. Diese Nymphen liebten Glitzerndes und Glänzendes über alles. Bekamen sie etwas Glänzendes geschenkt, so gaben sie das Geschenk von Liebe und Glück zurück.

Ein Bad in Milch soll gut für die Schönheit der Haut sein. Wir kennen diesen Brauch ebenfalls aus der antiken Geschichte: Die ägyptische Königin Kleopatra soll Bäder in warmer Eselsmilch genommen haben, um jung und schön zu bleiben. Und die Geschichte erzählt, dass sie eine betörende Frau war, der die Männer zu Füßen lagen.

Auch dem morgendlichen Bad wird nachgesagt, dass es vor allem für die Schönheit gut sei. Frühmorgens im Monat Mai mit dem Maitau das Gesicht zu benetzen, verhilft ebenfalls zu jugendlicher Schönheit und Frische. Berühmte Schönheiten der Weltgeschichte, wie z. B. die österreichische Kaiserin Sissi, schworen auf ein kurzes, *kaltes* Bad am Morgen, das ihre Schönheit erhalten sollte. Aber es muss nicht immer nur ein Bad sein, sich splitternackt in den ersten Mairegen zu stellen dient ebenfalls der Schönheit. Wohl dem, der so wohnt, dass er sich leisten kann, den Mairegen auf sich herunterrinnen zulassen. Da das nur wenigen Damen möglich ist, reicht es auch aus, den ersten Mairegen in Kannen und Eimern aufzufangen und dem Badewasser beizugeben.

Falls Sie das Glück haben, in der Nähe einer Quelle zu wohnen, ist es Ihrer Schönheit sehr dienlich, wenn Sie sich mit

Das Töggeligitter aus fünf Holzstäben wird über das Bett gehängt und vertreibt so ie nächtlichen Geister, die Angst- und Albträume bringen.

2 Ein so genannter Hagstein mit drei Löchern aus dem Besitz eines Schamanen.

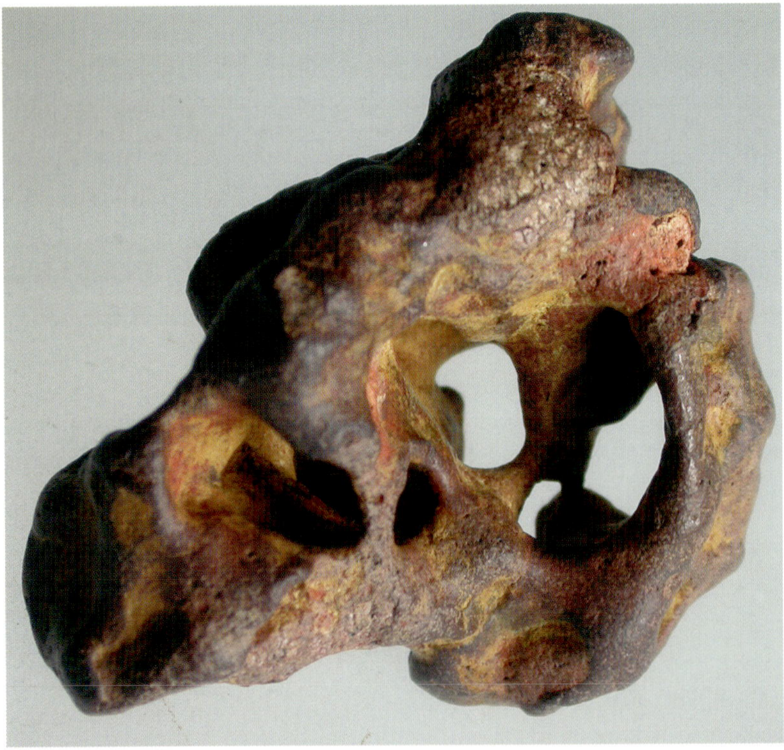

3 In diesem Hagstein ist deutlich ein Gesicht zu sehen. Er besitzt daher eine besondere Kraft.

Die Benediktusmedaille
nit dem Bild des Heiligen
3enedikt mit Kreuz und Buch.

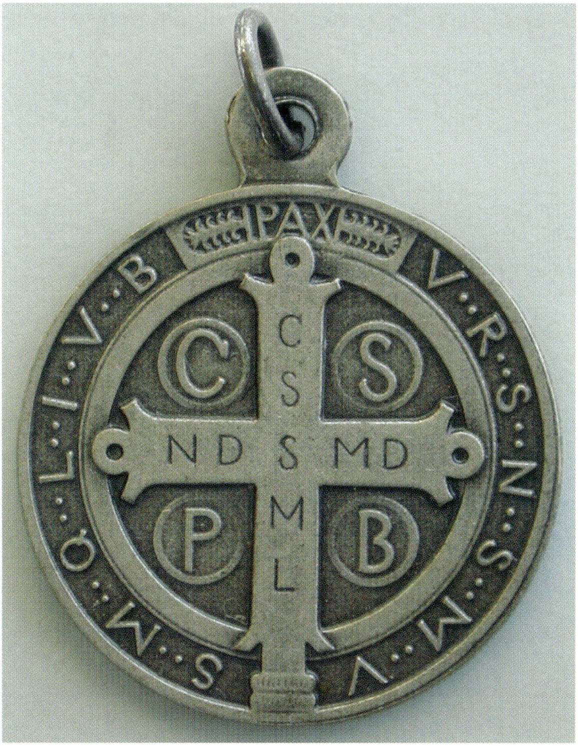

Die Rückseite der Medaille
eigt deutlich die in Kreuzform
ngeordneten Zaubersprüche.

6 Das Skapulier ist mit Bändern verbunden, damit ein Bild auf der Brust und eines au dem Rücken getragen werden kann.

7 Das Muster des islamischen Silberanhängers ist aus den heiligen Worten der Sure al Fatihah gewoben: »Im Namen Gottes des Allergnädigsten und Allerbarmherzigsten.«

dem Wasser der Quelle waschen oder wenn möglich sogar ein Bad im frischen und kalten Wasser nehmen. Werfen Sie als Dank eine glitzernde Münze oder einen Halbedelstein in das Quellwasser.

Das berühmte Gesichtswasser der Königin von Ungarn enthielt einen Aufguss von Rosmarin, der mit eiskaltem Wasser vermischt war. Der allererste Schnee, aufgefangen in einer Schüssel und dem Badewasser zugesetzt, diente vor allem der Gesundheit. Dem Volksglauben nach machte dieses Bad mit Schneewasser ein ganzes Jahr lang immun gegen Erkältungskrankheiten.

Bei Vollmond zu baden hat ebenfalls eine ganz besondere Bedeutung. Dazu muss man warten, bis der Mond in der Nacht hoch am Himmel steht, dann wird das Badewasser eingelassen und das Fenster so geöffnet, dass das Mondlicht in die Wanne hineinscheint. Das soll mindestens zwanzig Minuten lang geschehen, erst dann steigt man in die Badewanne und genießt das Bad in mondbeschienenem Wasser. Wichtig ist dabei, dass das Wasser nicht zu heiß sein soll. Bei Vollmond ist eher lauwarmes bis kühles Wasser angesagt.

Das Baden im »Vollmondwasser« beschert demjenigen, der es genießt, vor allem Glück und Schönheit. Es soll aber dem Volksglauben nach auch dazu führen, dass die außersinnliche Wahrnehmung – oder wie wir heute eher sagen: die Intuition – gestärkt wird.

Nicht alle modernen Wohnungen haben ein Badezimmer mit einem Fenster, das zu öffnen ist. Auch in diesen Fällen muss man nicht auf ein Mondbad verzichten. Stellen Sie eine mit Wasser gefüllte Glasschale – keine Plastik-, Keramik- oder Edelstahlschale! – eine halbe Stunde lang ins Mondlicht. Geben Sie dieses Wasser in die volle Badewanne und vermischen sie es mit dem anderen.

Zum Licht des Vollmondes passt es gut, ins Badewasser einen Liter Milch, einen guten Schuss Weißwein oder ein Glas Zitronensaft zu geben. Diese drei Ingredienzien unterstützen die Wirkung des Mondlichts. Die Kraft des Mondes passt sehr gut zu Wasser, Wein, Milch und Zitronensaft. Im Bad führt sie dazu, dass wir besänftigt und beruhigt werden.

In England gibt es den Brauch, in der Silvesternacht oder, wenn das nicht möglich ist, am Neujahrstag zu baden oder sich die Zeit für eine ausführliche Dusche zu nehmen. Dabei wird ein glänzender Kupferpenny in einen Waschhandschuh eingenäht. Mit diesem Waschhandschuh rubbelt man sich ab und wäscht sich am ganzen Körper, denn das soll Glück für ein ganzes Jahr bringen.

Eine wichtige Erkenntnis, die zwar nicht unbedingt etwas mit dem Badezimmer, wohl aber etwas mit Wasser zu tun hat, möchte ich Ihnen nicht vorenthalten. Erst kürzlich wurden die Forschungsergebnisse eines japanischen Gelehrten auch bei uns bekannt. Masaru Emoto machte eine unglaubliche Entdeckung. Natürlich schildere ich hier nur einen Bruchteil seiner Untersuchungen und die sehr vereinfacht! Seine Erkenntnisse machen uns nachdenklich.

Er ließ verschiedene Arten von Wasser tiefgefrieren und dann unter dem Mikroskop die Eiskristalle betrachten. Dabei entdeckte er, dass Wasser in der Lage ist, Informationen wie Worte aufzunehmen. Er füllte die verschiedenen Wasserproben in kleine Glasröhrchen ab. Er beschriftete die Behälter mit Worten wie »schön«, »dumm«, »hässlich«, »böse«, »Engel« und »Teufel«. Schließlich ging er sogar so weit, Namen darauf zu schreiben, wie »Hitler« und »Mutter Teresa«. Nach zwölf Stunden untersuchte er das Wasser wieder, und es geschah etwas Unglaubliches: Alle Eiskristalle, die aus Behältern mit positiven Aufschriften stammten, zeigten wunderschöne, regelmäßige Kristallsterne. Alle Eiskristalle, die aus den Behältern mit negativen Aufschriften oder Namen kamen, hatten hässliche, zerlaufende und unregelmäßige Formen entwickelt, die nichts mehr mit der Symmetrie der Kristallsterne zu tun hatten!

Emoto schloss daraus, dass Wasser ein Gedächtnis hat und aufnehmen kann, was ihm aufgeprägt oder gesagt wird. Wenn wir aus diesen Forschungen nur eine Erkenntnis für uns herausnehmen, können wir sehr profitieren: Wasser nimmt die Botschaft auf, die wir ihm senden! Das heißt, dass Weihwasser, über das ein besonderer Segen gesprochen wurde, wirklich eine andere Konsistenz und Wirkung hat als normales Leitungswasser! Nehmen Sie diese erstaunlichen Forschungsergebnisse in Ihren Alltag hinein:

Füllen Sie das Wasser, das Sie trinken, in eine Glasflasche und schreiben Sie darauf, was Ihr Herz begehrt. Worte wie *»Schönheit«*, *»Gesundheit«*, *»Glück«* und *»Dankbarkeit«* verändern die Struktur des Wassers. Das Wasser sollte zwölf Stunden in der beschrifteten Flasche sein, damit die heilenden Worte sich darauf übertragen können. Wenn Sie dieses Wasser dann trinken, nehmen Sie mit den imprägnierten Wasserclustern all die Botschaften auf, die Sie glücklich und gesund machen.

Die Toilette ist bei den meisten Wohnungen in das Badezimmer integriert. Sie ist lange nicht mehr die unangenehme Einrichtung, die früher aus Reinlichkeitsgründen getrennt von den übrigen Wohnräumen lag und in der man sich sicherlich nur so lange aufhielt, wie es wirklich nötig war.

Im deutschsprachigen Volksbrauchtum habe ich nichts besonderes darüber finden können. Es scheint, dass die Menschen hierzulande dieser nötigen Einrichtung nicht mehr Aufmerksamkeit geschenkt hätten, als sie verdient. Die Chinesen dagegen verbinden mit der Toilette einen ganzen Wust an Aberglauben. Sie haben die Ansicht, falls sie der Lehre des Feng-Shui anhängen, dass durch den Abfluss der Toilette aller Reichtum aus dem Haus hinausgespült würde. Ich denke eher das Gegenteil: Wie wäre es um unsere Wohnungen bestellt, wenn all das *drin*bleiben würde! In China wird gegen diesen gefürchteten Verlust von Geld und Wohlstand durch eine falsch positionierte Toilette empfohlen, den Deckel geschlossen zu halten – nur habe ich in China nie ein WC mit Deckel gesehen! Auch die Lage der Toilette, ist je nach Himmelsrichtung und Beziehung zu den anderen Räumen, äußerst heikel, wie die Chinesen glauben.

Auch wenn es sicher nicht so ist, dass man sich allzu lange auf der Toilette aufhalten soll, so denke ich doch, dass auch dieser kleine Raum deshalb nicht ungemütlich zu sein braucht. Eine helle Farbe, wie z. B. ein kühles Gelb oder ein leichtes Hellblau sorgen dafür, dass die Toilette einen frischen Eindruck macht. Geben Sie eine kleine Hand voll grobes Meersalz in eine große Muschelschale und tropfen Sie einige Tropfen Zitronen- oder Zitronengrasöl hinein. So werden Gerüche und unangenehme Energien aufgesaugt. Wechseln Sie dieses Salz einmal in der Woche aus.

Da die meisten Menschen innerlich verspannt sind und daher auch mitunter an Verstopfung leiden, sollen sie wenigstens ihre Ruhe haben, wenn sie diesen Raum aufsuchen. Ein kleines Regal mit Büchern oder Magazinen signalisiert solchen Personen, dass sie sich ruhig die Zeit für ihre alltäglichen Verrichtungen nehmen dürfen. Denken Sie aber daran, keine Romane oder langatmige Lektüre im WC liegen zu lassen. Kleine Bücher mit kurzen Aphorismen oder Comics sind dafür besser geeignet. Zu lange die Toilette zu blockieren ist weder für den Benutzer noch für die Mitbewohner erfreulich.

Bei einigen Menschen erzeugt der Abfluss der Toilette auch unangenehme Angstgefühle, besonders wenn es dunkel ist. Man befürchtet, dass ein unheimliches Wesen aus der Kanalisation herauskommen und einen berühren, erschrecken und schließlich herabziehen könnte. Vor einigen Jahren gab es ein Poster, auf dem eine schwarze haarige Hand aus dem Abfluss des WCs herausgriff, dessen Benutzerin schockiert aufsprang. Dieses Plakat stellte diese spezielle Angst sehr genau dar. In diesen Fällen gibt es den guten Rat einer englischen Kinderfrau für die Betroffenen: Nehmen Sie eine Prise Zucker in die Hand und streuen Sie sie in die Toilette hinein, bevor Sie sich darauf setzen. Das Ungeheuer aus den unterirdischen Kanälen jagt dann dem Zucker nach und ist dadurch abgelenkt.

Ein dezenter Schmuck von Seidenblumen in frischen Farben, eine Schale voll getrockneter duftender Kräuter sorgen dafür, dass auch dieser Raum angenehm wirkt und die negativen Energien in Schranken gehalten werden. Ganz und gar unangebracht ist es, in der Toilette Buddhastatuen oder andere Gegenstände aufzustellen, die die religiösen Gefühle anderer Menschen verletzen könnten. So unglaublich das klingt, aber ich habe tatsächlich Toiletten gesehen, in denen das der Fall war.

Ebenso nachteilig für Sie selbst ist es, im WC sexuelle Bilder zu präsentieren, wie es gelegentlich praktiziert wird. Überlegen Sie sich einmal, was ein solches Vorgehen ausdrückt: Sie geben damit der sexuellen Energie einen anderen Stellenwert und schieben sie in eine Ebene, auf der Sie sie gar nicht haben möchten. Die vielen Graffiti auf öffentlichen Toiletten zeigen doch nur, dass einige Menschen Sexualität mit Schmutz verbinden. Außerdem stellt dies eine Belästigung Ihrer Gäste dar.

7
Auto und Garage

Im Auto des modernen Menschen sind ganz offensichtlich die meisten gebräuchlichen magischen Gegenstände zu finden. Es erscheint uns als ein starker Kontrast, den wir uns ruhig bewusst machen dürfen, dass sich mitten in unserer Zeit in der modernsten Fortbewegungsmaschine alte magische Praktiken abspielen. Sehen Sie nur einmal in die an Ihrer Straße geparkten Autos hinein! Vom Rückspiegel hängen die verschiedensten Gegenstände, die alle magische Bedeutung haben. In Süddeutschland und in Italien sind oft Rosenkränze oder Aluminiummedaillen daran aufgehängt. Im Wagen eines türkischen Besitzers hängt vom selben Platz ein türkisblaues Glasamulett in Augenform, das vor dem bösen Blick schützen soll, oder die silberne Hand der Fatima, die ebenfalls vor Unheil schützt.

An den Armaturen sind Plaketten des heiligen Christophorus angebracht. Er soll der Legende nach das Jesuskind durch einen tiefen Fluss getragen haben. Auf mittelalterlichen Fresken kann man den riesigen Mann sehen, der fast in den Fluten versinkt. Um seine nackten Waden tummeln sich allerlei gefährliche Fische und Seeungeheuer, die ihm aber nichts anhaben können. Er soll uns, genauso wie dem Jesuskind, sicheres Geleit auf all unseren Fahrten geben.

Gelegentlich baumeln am Rückspiegel ein paar winzige Babyschuhe, die den Fahrer wohl daran erinnern sollen, dass er zu Hause erwartet wird, und ihn ermahnen, doch vorsichtig zu fahren.

Auch indianische Traumfänger habe ich am Rückspiegel hängen sehen, sie sollen wohl einen besonderen Schutz der guten Geister bewirken. Ich denke aber eher, dass sie nicht dahin gehören, denn sie sind dazu gedacht, schlechte Träume abzufangen. Und träumen sollten Sie nur im Bett und nicht im Auto, wo helle Konzentration angesagt ist.

Aber da wir gerade bei schamanischen Bräuchen sind: Schamanen kennen verschiedene magische Schutzzeichen für ihre Fahrzeuge, die sie bei jeder Fahrt mental neu installieren. Aus der Art und Weise, wie sich ihr Schutzzeichen ihnen heute zeigt, können sie Rückschlüsse auf den Verlauf der Fahrt machen und sich in besonderer Weise vorsehen.

Auch ein Säckchen mit duftenden Kräutern, ins Innere des Wagens gelegt, erscheint sinnvoll, denn die ätherischen Öle, die die Kräuter absondern, erhöhen die geistige Konzentration, die wir unbedingt beim Fahren brauchen. Rosmarin, Thymian, Oregano, Salbei und Zitronenschalen wären eine gute Mischung, um auf langen Fahrten wach und frisch zu bleiben. Eine gute Idee wäre, den Aschenbecher im Auto ausschließlich mit Duftkräutern zu füllen.

Im Bereich des Autos gibt es auch heute diverse abergläubische Ansichten. Z.B., dass Autowaschen Regen erzeugt. Wie wahr! Manchmal erscheint es wirklich so, dass wir mit unserem Auto das Wetter beeinflussen können. Waschen wir das schmutzige Auto nicht, weil es aussieht, als würde es gleich regnen, dann bleibt das Wetter tagelang schön. Haben wir uns aber entschieden, den Wagen zu waschen – dann regnet es bestimmt!

Davon abgesehen gibt es aber tatsächlich Autos, die wie verhext sind. Sie funktionieren nie richtig, bleiben stehen, wo sie es nicht sollen und kosten den Halter eine Menge Ärger, Zeit und Geld! Der Wagen verbringt mehr Zeit in der Werkstatt als bei der Aufgabe, für die er gedacht ist. Hier hilft nur eines. Trennen Sie sich von diesem Stück, das ist manchmal schmerzhaft, vor allem wenn es noch ein neuerer Wagen ist.

Es gibt Autofahrer, die mit dem ersten Auto, das sie gekauft hatten, so zufrieden waren und diesem Modell ihr Leben lang treu bleiben. Sie kaufen sich immer wieder dieselbe Marke. Auch nur die Idee, einmal ein anderes Auto zu kaufen, ruft in ihnen Unbehagen hervor. Wie diese persönlichen Zaubermarken auch heißen mögen, anscheinend haben ihre Fans Recht, denn diese Fahrer haben auffallend oft Glück mit ihrer Wahl.

Nummernschilder sind ebenfalls eine wichtige Gelegenheit für Magie. In Österreich ist es erlaubt, dass ein Vorname plus Zahlenkombination offiziell als Nummernschild zugelassen wird. In anderen Ländern gibt es die Möglichkeit, seine Lieblingszahlen zu wählen. Einige glauben, dass der Wagen, wenn sich zweimal der Buchstabe Ypsilon (YY) im Nummernschild befindet, nicht gestohlen oder aufgebrochen werden könne.

Mit den Autos ist es, wie früher mit den Pferden: Sie sind und waren ein wertvoller Besitz. Früher schmückte man die Pferde mit Glöckchen und Silberscheiben, um das Böse und besonders den bösen Blick abzuwenden. In Mähne und Schweif flocht man rote Bänder, um die Tiere zu schützen. Auch heute noch kann man so geschmückte Pferde sehen, z. B. beim Münchner Oktoberfest oder bei anderen Festen im alpenländischen Raum.

An das Auto, mit dem die frisch Vermählten in Urlaub fahren, bindet man leere Blechbüchsen, die mit ihrem Gescheppper alles Böse vom jungen Paar fern halten sollen. Aus demselben Grund befestigt man auch weiße Bänder an den Antennen der Autos eines Hochzeitszuges und während der Fahrt zur Kirche oder zum Standesamt wird kräftig gehupt. All das sind alte Bräuche, um negative Kräfte zu vertreiben. Wie selbstverständlich führen wir sie auch noch heute aus, wissen aber nicht mehr um ihre ursprüngliche Bedeutung.

Die Bemalung der Autos hält sich bei uns in Grenzen, obwohl es immer wieder Fahrzeuge gibt, auf denen wilde Landschaften oder Tiere zu sehen sind. Aber all diese Symbole von Freiheit und Kraft, die bei uns vereinzelt zu sehen sind, kommen nicht an die bunten, vielfältigen Bemalungen der sizilianischen Karren heran, die mit magischen Augen, mit Hörnern und allerlei anderen kunterbunten Malereien geschmückt sind. Am meisten magisch erscheinen noch die großen Lastwagen, die mit Lichterketten, aufgeklebten Panthern und anderen Zeichen von Macht und Stärke über die Straßen donnern. Wie selbstverständlich erwecken sie den Eindruck, als könne nichts ihnen schaden oder sich ihnen in den Weg stellen.

Wenn es um den persönlichen Ausdruck von Stärke oder Schutz geht, bedenken Sie stets dabei, inwieweit Sie Ihren persönlichen Wagen von anderen Fahrzeugen hervorheben möchten. Die Farbe oder Bemalung eines Autos hat nämlich ihre zwei Seiten. Ist seine Farbe sehr auffällig, hat das den Vorteil, dass der Wagen im Verkehrsgewühl besser zu sehen und dadurch sicherer ist. Er kann dadurch aber auch, da er auffällig ist, Diebe und Neider anlocken oder Strafzettel provozieren. Ein graues Auto ist dagegen beinahe unsichtbar, mit allen Vor- und Nachteilen. Im Verkehr ist es dadurch weniger sicher.

Um Unfälle zu vermeiden, bedarf es eines umsichtigen Fahrers und zudem muss ein Auto zweifelsohne sicher und ordentlich gewartet sein, um unbeschadet durch den lebhaften und teilweise gefährlichen Verkehr zu kommen. Bevor Sie dem Auto Ihr Leben und das Ihrer Familie anvertrauen, liegt es nahe, ein Auto nicht nur innen mit den entsprechenden Heiligenbildern zu versehen, sondern es auch äußerlich zu segnen.

Wenn Sie Ihr Auto segnen wollen, bleibt es Ihnen überlassen, ob Sie es nun selbst tun oder einen Geistlichen damit beauftragen. Bei einer Segnung, durch wen auch immer, muss der Kühler des Wagens nach Osten zeigen. Achten Sie also darauf, dass Sie den Wagen auf diese Weise hinstellen. Erst dann wird Weihwasser über das Auto gesprengt und dabei ein Segen gesprochen. Falls Sie kein geweihtes Wasser zur Hand haben, tun es Thymian- oder Salbeitee auch. Halten Sie, wenn Sie segnend um Ihren Wagen herumgehen, folgende Reihenfolge ein. Stehen Sie zuerst im Norden, von dort gehen Sie nach Westen, dann nach Süden und schließlich nach Osten. Besprengen Sie den Wagen von jeder Seite, Sie können auch etwas Salz im Wasser auflösen, das verstärkt die Wirkung. Bitten Sie die Himmelswesen dabei, Sie auf allen Fahrten zu behüten und zu beschützen.

Ein Auto, das uns so treue Dienste leistet, darf es auch gut haben. Mit anderen Worten, es soll sich in der Garage – seinem Haus – wohl fühlen. Garagen sind keine Rumpelkammern. In der Schweiz habe ich allerdings eine Garage gesehen, deren Besitzer es sehr gut mit seinem Auto meinte. Auf dem Fußboden lag ein echter Perserteppich! Ich nehme an, sein Auto hat sich dort sehr wohl gefühlt und in den Ruhezeiten auch die schönen Landschaftsaufnahmen von vergangenen Fahrten betrachtet, die an den Wänden hingen!

Vor einer längeren Reise haben viele Menschen etwas Angst. Da wirkt es beruhigend, die Reiseroute auf der Landkarte durchzusehen und mit einem gelben Filzstift zu markieren. Das Ganze wird dann mit einem goldenen Farbstift eingekreist und in der Garage bis zur glücklichen Rückkehr versteckt. Die Konzentration auf den geplanten Reiseweg und das Ablegen in der Garage nimmt viel von der Anspannung z. B. vor einer Ferienreise.

8
Die magische Geldbörse

Grün muss er sein, der magische Geldbeutel, am besten giftgrün, und immer prall gefüllt! In einem seiner Fächer sollte außerdem ein kleiner grüner Stein liegen, der den Inhalt dieses Portemonnaies vermehren wird. Genau wie die grüne Farbe Wachstum und Vermehrung symbolisiert, die noch viele andere braune, gelbe und blaue Scheine in diese magische Geldtasche hereinziehen soll.

Legen Sie eine wunderschöne ausländische Münze, deren Schönheit Sie wirklich bewundern, in Ihre Geldtasche. Wenn die Münzen spüren, dass sie geliebt und bewundert werden, finden sie gerne den Weg in Ihr Portemonnaie. Am besten ist es, wenn diese Münze mit einer guten und freudigen Erinnerung verbunden ist. Z. B. mit einer Reise an den Gardasee nach Italien, als es noch keinen Euro gab, sondern das wunderhübsche 500-Lire-Stück aus goldenem und silbernem Metall mit den Abbildern der Dioskuren und dem Gott Merkur in der Mitte. Wichtig sind die guten Gedanken, die Sie mit dieser Münze verbinden, denn Geld ohne jeglichen Inhalt ist uns nicht förderlich. Das Geld soll zu etwas gut sein und nicht nur reiner Selbtzweck, damit wir immer mehr davon haben.

Legen Sie auch symbolisch etwas hinein, was Sie teuer bezahlt haben und was Ihnen große Freude gemacht hat. Das kann z. B. die Quittung für einen Pelzmantel sein, mit dem Sie sich nach einer traurigen und harten Zeit getröstet haben. Natürlich war der Mantel teuer, aber er war seinen Preis wert und er schenkt Ihnen immer wieder ein wunderbares Gefühl von Verwöhntwerden und Trost, wenn Sie ihn tragen oder berühren. Wählen Sie Ihr eigenes und ganz persönliches Symbol; die Erinnerung an diese Freude sollte Sie jedes Mal wieder zum Lächeln bringen, wenn Sie dieses Symbol betrachten.

Für viele Frauen ist das Portemonnaie eine Art kleine Handtasche, in der sie alles Mögliche einschließen. Die Fotos der Familie, manchmal auch ein Foto eines Haustieres,liegen so, dass beim Öffnen des Geldbeutels die Bilder zu sehen sind. Der Sinn dessen ist mir nicht ersichtlich. Vielleicht ist es so, dass der Geldbeutel häufig geöffnet wird und dadurch auch die Bilder der Lieben oft betrachtet werden. Vielleicht gibt es die Sitte aber nur deshalb, weil Geldbeutel und Schlüssel die einzigen Dinge sind, die wir fast immer bei uns haben.

Eine wahrhaft magische Angelegenheit in Gelddingen ist der »goldene Topf«, den sich jede Hausfrau anschaffen sollte, wobei ich mir nicht sicher bin, ob er im Kapitel Küche oder in diesem hier besser aufgehoben ist. Natürlich muss dieser Topf nicht aus echtem Gold sein. Ein schöner, großer Topf aus glänzendem Edelstahl tut es auch.

Kaufen Sie sich einen großen Edelstahl-Kochtopf, er darf ruhig imposant sein! Reinigen sie ihn und geben Sie zwei Schnapsgläser von Danziger Goldwasser hinein und schwenken Sie das Goldwasser im Topf, bis all seine Teile damit benetzt sind. Reiben Sie Topf und Deckel innerlich und äußerlich damit aus, spülen Sie ihn dann mit klarem Wasser aus – und hinaus mit ihm an die frische Luft, auf den Balkon oder in den Garten. Dort bleibt unser Zaubertopf für eine Nacht und einen Tag. Dann holen wir ihn wieder herein und legen ab jetzt alles Geld hinein, das wir gerade zur Hand haben. Die Silberwände des Topfes spiegeln, so dass es aussieht, als hätten Sie doppelt so viel Geld, als tatsächlich darin liegt! Es ist eine wahre Freude, wenn Sie den Deckel hochheben. Der Topf darf nie leer sein, ein paar Münzen genügen, wenn Sie am Monatsende keine Scheine mehr haben. Legen Sie nie etwas anderes als Geld in diesen Zaubertopf, er dankt es Ihnen und gibt Ihnen in Fülle zurück!

Die magische Haushaltskasse ist eine andere Methode, um sich immer etwas Extrageld zu verschaffen. Aus grasgrünem Filzstoff wird ein Kreis von etwa 40 Zentimeter Durchmesser ausgeschnitten, ebenso ein 3 Zentimeter breiter und 60 Zentimeter langer Streifen. Da Filz nicht ausfranst, genügt es, den Stoff einfach nur mit der Schere zurechtzuschneiden. Hier hinein legt man regelmäßig den zehnten Teil von allem Geld, das in den Haushalt kommt – auch wenn es nur ein paar kleinere Münzen sind. Erfahrungsgemäß fällt es aber viel schwerer, den Zehnten einer größeren Summe auch wirklich in diese magische Haushaltskasse zu legen!

Man legt das Geld in die Mitte des Kreises, schlägt die beiden Seitenteile achtsam darüber und wickelt den so entstandenen Streifen zu einem Mäppchen, das mit dem Band umwickelt wird. Das Band wird nicht verknotet, sondern seine Enden liegen lose aufeinander. Das so zurückgelegte Geld hat die Macht, weiteres Geld anzuziehen. Es ist wie eine geheime Wiege, der Nährboden für die Vervielfältigung des Erhaltenen! Das Wissen um diese magische Geldtasche wurde mir von einer Südtiroler Heilerin geschenkt.

Mein Anliegen in diesem Buch ist es, das Wissen unserer Großmütter und Ahnfrauen wieder zum Leben zu erwecken und bekannt zu machen. Aus diesem Grund habe ich mich auf die Gebräuche und Erfahrungen in den europäischen Ländern beschränkt. Nur in diesem einen Kapitel, in dem es ja um Geld geht, möchte ich einen Exkurs nach China machen, und zwar aus einem bestimmten Grund. Dort ist das Trachten nach Reichtum ein wichtiger Bestandteil des Lebens. Sogar den Toten legt man bei der Verbrennung bündelweise Papiergeld bei. Entscheiden Sie selbst, inwieweit Sie diesem Wettlauf nach Materiellem zustimmen.

In keinem Land der Welt wird so viel Aufhebens um Reichtum und Geld gemacht wie in China. Daher gibt es dort viele Methoden und Hilfsmittel, um Geld und Gold anzulocken.

Die chinesischen magischen Lehren haben einen ungeheuren Fundus, um zu Reichtum zu gelangen. Nicht immer wirken diese Hilfsmittel sympathisch. Es gibt mehrere magische Methoden mit Münzen, die meist in der Mitte eine viereckige Öffnung haben und unbedingt immer mit einem roten Band oder einer roten Kordel zusammengehalten werden müssen. Sehr beliebt ist ein Münzstrang aus neun gelochten Münzen, der etwa 45 Zentimeter lang ist, an seinem unteren Ende ist die rote Kordel zu einem magischen Knoten geflochten und eine 10 Zentimeter lange rote Quaste bildet den Abschluss.

Eine andere Möglichkeit ist eine kreisförmige Anordnung von sechs gelochten Münzen, in deren Mitte eine siebte Münze sternförmig mit rotem Band verflochten ist. Dieses Gebinde legt man einer alten Sage nach unter die Fußmatte der Eingangstür. Jeder der das Haus und die Fußmatte betritt, soll dadurch Reichtum und Wohlstand ins Haus bringen. Münzen werden in China nicht nur mit dem Heranziehen von Geld verbunden, sondern auch mit der Abwehr von Dämonen, wie bei dem berühmten so genannten Drachenschwert, das auch aus besonderen Münzen zusammengeknotet ist. Daher glaubten die alten Chinesen, dass dieses siebenteilige Münzgebinde, versteckt unter dem Teppich oder hinter einer Kommode, schädliche Energien in der Wohnung abwehrt.

Eine Glücksmünze besonderer Art ist die für 10 000faches Glück: Ein Phönix und ein Drache bilden darauf den Rahmen für das Glückssymbol »langes Leben«. Der Drache steht für Energie und Macht, der Phönix für ein unendlich langes Leben durch Wiedergeburt. Das Tragen dieser Münze soll zu Wohlstand und langem Leben führen.

Auch Windspiele aus magischen Glücksmünzen konnte ich in China sehen, sie werden entweder in einem bestimmten Teil des Hauses oder Büros oder gleich an der Eingangstür aufgehängt. Der Wind, der diese Münzen zum Klingen bringt, soll die Haushalts- oder Geschäftskassen füllen, so dass es dort genau so fröhlich klingelt!

Nicht nur ein Münzzauber zieht das Geld heran, sondern auch bestimmte magische Wesenheiten haben, nach alten chinesischen Sagen, die Macht Wohlstand heranzuziehen. Hier stößt man allerdings an die Grenzen des guten Geschmacks, denn diese Wesenheiten sind von abstoßender Hässlichkeit und ähneln eher den Dämonen der Unersättlickeit und Gier als einem guten und mächtigen Geist.

Als wichtigster Geldbringer gilt der dreibeinige Frosch mit dem Namen Chan Chu. Er ähnelt mehr einer Kröte als einem Frosch, denn sein Körper ist von vielen knotigen Warzen bedeckt. Er sitzt auf einem Haufen von goldenen Münzen und hält eine Münze im Maul. Zwischen seinen Augenwülsten ist das Yin-Yang-Zeichen zu sehen. Seine goldfarbene Plastikfigur ist in allen Größen zu erstehen. Ich sah im »Religious Supermarket« in China Exemplare, die so groß wie eine Bohne und solche, die gigantisch und tonnenschwer im Raum standen. Am häufigsten findet man diese Frösche auf Registrierkassen aufgeklebt.

Die zweite Figur mit der Macht Geld zu bringen, ist für die Chinesen die Drachenschildkröte Lo Shu, auch sie abstoßend hässlich und auf einem Berg von Goldschiffchen sitzend, die in alten Zeiten das Zahlungsmittel waren. Auch sie soll Reichtum und Glück ins Haus bringen.

Wie aber wirken all diese Objekte von der Münze bis zum Frosch. Sie können nach chinesischer Ansicht nur dann ihre Kraft entfalten, wenn sie in einer ganz bestimmten Zone des Raumes oder des Hauses aufgestellt werden. Dazu verwendet man ein Raster, das so genannte Ba Gua, das auf jede Fläche anzuwenden ist, sei es nun ein Garten oder ein Kinderzimmer.

Reichtum	Ruhm	Partnerschaft
Familie	Gesundheit	Kinder
Wissen	Karriere	Hilfreiche Freunde
	Mögliche Eingänge	

Die untere Kante des Quadrats zeigt immer, wo der Eingang ist. D. h. er markiert die Stelle, an der sich die Wohnungs- oder Zimmertüre oder das Gartentor befindet. Jeder Bereich hat auf diese Weise sein eigenes Thema, und wie Sie sehen, ist der Reichtum in der linken oberen Ecke platziert. In genau dieser Ecke des Zimmers oder Hauses werden die magischen Geldobjekte aufgestellt oder aufgehängt, wenn es sich dabei um die zusammengebundenen Münzen handelt. Wenn Sie sich für eines der geschilderten chinesischen Hilfsmittel entscheiden, ist es hilfreich und wichtig zu wissen, wie und wo sie anzuwenden sind. Dekorieren Sie also stets die linke und äußere Ecke eines Zimmers damit.

Im Westen kenne ich keine vergleichbaren Bräuche, um Geld und Wohlstand anzuziehen. Vielleicht hatten unsere Vorfahren eine Ahnung davon, dass es keinem Menschen gut tut, wenn er sich ausschließlich auf die rein materielle Seite des Lebens schlägt. Das Herz kommt dabei nämlich zu kurz. Ein schönes Beispiel ist das Hauff'sche Märchen vom Herz aus Glas. Ein sehr reicher Mann, Ezechiel genannt, versteinert durch seine Gier nach Geld. Sein Herz wird starr und kalt, so lange, bis er schließlich nur noch ein Herz aus Glas in seiner Brust hat. Und das bedeutet, dass er nicht mehr lieben kann und auch von niemandem mehr geliebt wird. Ein jeder darf für sich selbst entscheiden, ob er diesen Preis zahlen möchte.

9

Die magische Handtasche

Frauen, wisst ihr überhaupt, welch großartigen magischen Gegenstand ihr täglich mit euch tragt? Es ist die Handtasche, ein Symbol der Freiheit und Unabhängigkeit. Vor hundert Jahren noch durften Frauen außer einem kleinen bestickten Beutelchen für ihr Taschentuch nichts mit sich tragen, es schickte sich nicht. Wollte eine Dame für sie Notwendiges mit sich führen, so brauchte sie jemanden, der es ihr hinterhertrug. Wie lästig, welche Beschneidung der Freiheit, jeder Schritt war unter Kontrolle und es gab nicht viel Platz für Geheimnisse! Denn die Handtasche war noch nicht erfunden! Die Handtasche ist aber viel mehr als nur ein Behälter, in dem notwendige Dinge verstaut werden. In der Tat gleichen weibliche Handtaschen in gewisser Weise dem Medizinbeutel der Schamanen.

In diesem Medizinbeutel ist alles enthalten, was dem Schamanen Kraft gibt: seine Heilmittel wie z. B. getrocknete Pflanzen oder Kerne, seine Kraftobjekte, wie Kristalle oder andere geheimnisvolle Gegenstände, die für ihn eine ganz besondere Bedeutung haben, oder Objekte, die an gute und heitere Zeiten erinnern und so der Seele helfen. Auch praktische Dinge, wie ein Messer oder Gerätschaften zum Feuermachen, sind darin enthalten. Die magische Regel lautet, dass der Medizinbeutel heilig ist, nur der Schamane selbst darf in sein Dunkel hineinblicken und die wohl bekannten Objekte begrüßen. Fremden Augen bleibt der Einblick in das Medizinbündel und seinen heiligen Inhalt verwehrt. So wird der Medizinbeutel für den Schamanen zu einem Macht- und Kraftobjekt, das seinesgleichen sucht. Gleichzeitig dient er als eine Art tragbare Hausapotheke.

Auch für Frauen ist eine Handtasche ein Zeichen von Stärke. Was drin ist, weiß nur sie selbst. Was soll schon drin sein bei einer Durchschnittsfrau – ein Lippenstift, eine Make-up-Tube, ein Kamm, ein paar Papiertaschentücher und eventuell ein Päckchen Zigaretten mit Feuerzeug. Was aber ist in der Handtasche einer Firmenchefin, oder gar in den Taschen von Madeleine Albright oder Margaret Thatcher, in der wir vielleicht eine Kassette mit geheimen Dokumenten vermuten? Am Ende enthalten sie doch nichts anderes als die Handtaschen einer jeder gewöhnlichen Frau: ein Sammelsurium notwendiger, praktischer und magischer Objekte.

Selbst neugierig geworden, habe ich eine Reihe Frauen gebeten, mir ihre Handtaschen zu öffnen und mir ihren Inhalt zu zeigen und zu erklären. Dort fand ich zu meiner Überraschung eine große Anzahl wirklich magischer Dinge.

Handtasche einer Ärztin für Naturheilkunde:

1 Ein Handy
2 Ein medizinischer Artikel über »Das Jewish Penicillin, die Hühnersuppe«
3 Ein Päckchen Akupunkturnadeln
4 Ein Lippenstift mit passendem Konturenstift
5 Eine silberne Puderdose mit Spiegel
6 Tablettenblister mit Weißdorntabletten
7 Tablettenblister mit Vitamin C
8 Ein Fläschchen Arnica D 200
9 Ein großer Kristallflakon mit dem Parfüm Angel
10 2 Sonnenaufsätze für eine Brille in grün und braun
11 Ein Päckchen Zündhölzer
13 Ein Päckchen rotgemusterte, italienische Papiertaschentücher
14 Ein Zugfahrplan
15 Eine U-Bahnfahrkarte
16 Ein Ikonenbild der Auferstehung
17 Eine Karte mit NLP-Techniken
18 Ein Heftchen über die »Wunderbare Medaille«
19 Ein Beutelchen mit einem Türkis
20 Mehrere Kugelschreiber
21 Eine Vogelfeder
22 Ein verbogener goldener Jugendstilohrring
23 Eine ein Jahr alte Zugfahrkarte nach Brixen
23 Ein Minibüchlein über die Heilkraft der Zitrone
24 Ein Rezeptblock
25 Ein dick gefülltes, grasgrünes Portemonnaie

26 Ein Kreditkartenetui
27 Ein Schlüsselbund mit einem silbernen Herzen und einer englischen Namensbeschreibung von Magdalena
28 Eine Sammlung alter Heilgebete
29 Eine Schlafmaske
30 Ein Paar Ohrstöpsel
31 Eine Benediktusmedaille

Das sind immerhin 30 verschiedene Gegenstände in einer nicht allzu großen Handtasche. Der Besitzerin dieser Tasche gelten als besondere Glücksbringer der Türkis, der eine zauberhafte Farbe hat; der Flakon ihres Lieblingsparfüms, ohne das sie sich unsicher und unvollständig fühlt; die Feder einer Krähe, gefunden an einem magischen Platz in Südengland; die Fahrkarte nach Brixen, als Erinnerung an eine sehr vergnügliche Reise; der Jugendstilohrring, gefunden des Nachts in einem Schweizer Städtchen; das Handy mit drei sehr erfreulichen SMS-Botschaften aus dem Jahre 2000 (!), also genau vier Jahre alt!, und nicht zuletzt, das dicke grasgrüne Portemonnaie!

Sie bekannte sich zum magischen Inhalt ihrer Tasche. Ohne all diese Dinge fühle sie sich irgendwie alleine und nackt. Wenn sie in ihrer Handtasche herumkramte und all die Gegenstände in die Hand nahm, stiegen in ihr die vielen guten Erinnerungen auf, die damit verbunden waren. Das mache sie glücklich und stark. Wenn sie irgendwo warten müsse, beschäftige sie sich mit dem Inhalt ihrer Handtasche, die auch für sie selbst immer wieder etwas Überraschendes hätte.

Die sehr kleine Handtasche einer Malerin:

1 Ein Lippenstift
2 Eine Make-up-Tube
3 Ein Plastikkamm
4 Eine Aluminiummedallie
5 Eine runde Kupferscheibe mit hebräischen Zeichen
6 Ein paar getrocknete Rosmarinnadeln
7 Ein Taschenspiegel mit dem Foto des Enkels auf der Rückseite
8 Eine Glückwunschkarte zum Geburtstag mit holpriger Schrift, ebenfalls vom Enkel
9 Eine ganz klein zusammengerollte Unterhose
10 Ein elegantes Spitzentaschentuch
11 Ein Päckchen Tempotaschentücher
12 Ein Pendel
13 Schreibblock mit Stift
14 Ein Beutelchen mit Tabak und Linsen
15 Eine Flasche Rescue-Tropfen
16 Eine Flasche Arnica C 200
17 Ein Handy
18 Eine Schere
19 Eine Pinzette
20 Herztabletten
21 Ein Telefonbüchlein
22 Einige magische Sigillen
23 Fotos der Enkelkinder
24 Ein alter Löffel
25 ADAC-Ausweis

26 Foto eines Aquarells
27 Ein Kaugummi
28 Ein Halbedelstein
29 Eine peruanische Glücksbohne
30 Visitenkarten
31 Ein roter Umschlag mit folgendem Inhalt:
Ein Rosenkranzbüchlein · Ein Heilgebet · Bild und Novene zu Judas Thaddäus · Lauretanische Litanei · Foto eines Chamäleons · Foto einer Eule · Gebet des Pfarrers von Ars · Bild der heiligen Hemma · Bild des heiligen Michael · Ein Biometer nach Bovis
32 Ein dunkelgrüner Geldbeutel
33 Ein Reserve-Autoschlüssel

Auf die Frage, weshalb sie denn einen alten, verbogenen Löffel in ihrer Handtasche habe, sagte die Künstlerin: »Sind Sie denn noch nie in die Verlegenheit gekommen, etwas ausgraben zu wollen und hatten nicht das passende Werkzeug dabei!« – »Und wozu brauchen Sie Tabak und Linsen?« – »Die sind da, um die Geister zufrieden zu stellen!« Neben der Fülle magischer Artikel in dieser Handtasche legte die Künstlerin besonderen Wert auf den Reserve-Autoschlüssel, denn er gestattete ihr den gemeinsamen Wagen zu benutzen, wenn ihr Mann den Schlüssel gerade eingesteckt hatte. Die vielen Gebetstexte bräuchte sie, um je nach Gelegenheit und Anlass etwas Gutes zu bewirken. Sie hätte nur die besten und stärksten Gebete bei sich, auf deren Wirkung sie sich verlassen könne. Der Inhalt ihrer Handtasche gäbe ihr Sicherheit und Schutz.

Die Handtasche einer Astrologin:

1 ec-Karten
2 Behälter für Kontaktlinsen
3 Ein Päckchen Zahnseide
4 Ein Kaugummi
5 Ein Bleistift
6 Eine Dose mit Aspirintabletten
7 Ein silbernes Visitenkartenetui
8 Reisepass
9 Ein Labellostift
10 Ein Lippenstift
11 Wahrsagekarten
12 Ein astrologischer Wahrsagewürfel

Der Inhalt dieser Handtasche nimmt sich geradezu nüchtern aus, wenn man ihn mit den zwei vorhergehenden vergleicht, und das obwohl die Besitzerin dieser Handtasche Astrologin ist. Alles andere, sagte sie mit einer wegwerfenden Handbewegung, habe sie im Kopf bei sich. Sie brauche keine Schriften oder Zettel mit sich herumzutragen.

Die Handtasche einer Physikerin:

1 Zwei verschiedene Schlüsseltäschchen
2 Zwei verschiedene Portemonnaies
3 Ausweis
4 Ein uralter ranziger Lippenstift
5 Ein Tempotaschentuch

Weshalb sie nicht mehr in ihrer Tasche trage? Nun, die Handtasche sei doch voll genug mit den zwei Schlüsseln und Geldbeuteln. Und schließlich sei sie keine alte Frau, die ständig irgendwelche Gebetbücher und Fotos mit sich herumtrage.

Die Handtasche einer Sekretärin:

1 Schlüsselbund
2 Ein riesiges schwarzes Portemonnaie
3 Eine CD mit Entspannungsmusik
4 Ein Päckchen Büroklammern
5 Sechs gelbe Ringhefter
6 Gebrauchsanweisung für ein Mobiltelefon
7 Ein Lipgloss

Und das sei alles? Na ja, die eigentlich wichtigen Dinge wären in ihrem Portemonnaie:

1 Eine Uhufeder
2 Eine Medaille der hl. Hemma
3 Einige »Wunderbare Medaillen«
4 Eine rotschwarz gemusterte Bohne

Wofür denn die vielen Medaillen seien? »Die Medaillen, Sie wissen schon, sind für dieses und jenes – für alles mögliche!« Ohne sie würde sie nie aus dem Haus gehen, alle Mantel- und Jackentaschen wären damit bestückt.

Die Handtasche der Frau ist ganz gewiss ein Zeichen ihrer Emanzipation. Sie hat es jetzt nicht mehr nötig, ihre kleinen Geheimnisse in den Rocksaum einzunähen oder in den Taschen ihrer Unterröcke zu verstauen.

Die Handtasche macht es möglich, dass sie ihren Zauberbeutel mit all den notwendigen Gegenständen für den Körper und die Seele mit sich tragen kann. Unsichtbar für die Augen anderer ist sie von ihren Geheimnissen begleitet. Kein Außenstehender kann beurteilen, ob in dieser Tasche geheime Dossiers, ein Klappmesser, Studienunterlagen oder gar eine getrocknete Leopardenpfote versteckt sind. Und genau wie der Medizinbeutel des Schamanen verleiht ihr die Handtasche das Gefühl, von helfenden Wesenheiten und Gegenständen begleitet zu sein.

So trägt die Frau alles bei sich, was sie stärkt und was ihr Kraft gibt. Wie die Schamanen trägt sie alles Wichtige mit sich. Die Handtaschen enthalten als Erstes unverzichtbare Dinge, wie den Hausschlüssel, Geld, Ausweis und Führerschein. An zweiter Stelle stehen die Gegenstände zur Verschönerung, wie Puder, Lippenstift und Rouge. Dann Dinge, die der Gesundheit zuträglich sind: Medikamente usw. Gefolgt von der Sparte »Unterhaltung«: Lesestoff oder eine Tonbandkassette. Dann folgt das magische Spektrum: eine Vogelfeder, ein Stückchen Baumrinde, eine alte Glasperle, ein Handschmeichler aus Rosenquarz, Medaillen, Heiligenbildchen, Gebetszettel … Nur die Besitzerin dieser Dinge weiß, was sie genau bedeuten und welche kostbaren Erinnerungen und Erlebnisse sich damit verbinden. Genau die in diesen – äußerlich oft wertlos erscheinenden – Gegenständen gespeicherte glückliche Erinnerung ist es, die ihre ganz persönliche Kraft ausmacht. Werden diese Gegenstände betrachtet oder gefühlt, so rufen sie automatisch im Gehirn die Gefühle von Freude, Ruhe und Kraft ab und schaffen so kleine Glücksmomente im Alltag.

Im englischen Sprachgebrauch hat sich seit der Thatcher-Zeit ein neues Wort herausgebildet, es heißt »to handbag somebody«, was nichts anderes bedeutet als einen andern verbal abzuwatschen. Mir fallen dazu auch die großartigen Szenen weiblicher Macht in diversen Filmen ein: ältere unscheinbare Damen vermöbeln mittels ihrer Handtasche Männer, die doppelt so groß wie sie selbst sind, so dass diese im Trommelfeuer der granatenartigen Handtaschenschläge zu Boden gehen.

10
Liebeszauber

Die Liebe bewegt uns natürlich alle, ob wir nun zu den Jüngeren oder Älteren gehören. Liebesglück und Liebesleid sind Gefühlszustände, die wir wirklich in jedem Alter intensiv erfahren können. Die beiden am meisten genannten Probleme mit der Liebe sind folgende:

1. »Ich möchte, dass sie oder er mich liebt!«
Hier geht es darum, die eigene Ausstrahlung und den eigenen Charme zu verstärken und so attraktiver zu werden.

2. »Ich habe Liebeskummer, weil sie oder er mich verlassen hat.«
Was vorbei ist, ist vorbei, auch wenn wir nicht verstehen warum. Hier geht es darum, den Kummer nicht über Gebühr lange mit sich herumzutragen.

Nun, lässt sich die Liebe zwar nicht zwingen, aber wir können auf legitime Art und Weise etwas dazu tun, dass sie uns gewogen ist. Es versteht sich von selbst, dass ich hier illegitimen

Liebeszauber nicht besprechen werde, denn einen Menschen gegen seinen Willen und ohne sein Wissen magisch an sich binden zu wollen ist nicht gut und geht auch nicht gut aus – und zwar für denjenigen, der unrechtmäßig an sich binden will.

Die weisen Frauen gaben früher den Rat, wenn eine Frau zwischen zwei Männern stand und sich mit der Entscheidung schwer tat, sie solle doch mal bei jedem der beiden Männer die Linien zwischen Nase und Mund entlangschnuppern, dann würde sie sich schon für den Richtigen entscheiden können. Jetzt wissen wir Dank der modernen Wissenschaft Bescheid, was der wirkliche Hintergrund für diesen Ratschlag ist – und das Geheimnis ist entschlüsselt: Heute, da wir wissen, dass ein Großteil der Sympathie *nur* von den hormonellen Botenstoffen ausgeht, die wir mit unserem Geruchssinn aufnehmen, hat die Liebe dennoch nichts von ihrem Zauber verloren. Diese Botenstoffe werden zwar von der Nasenschleimhaut aufgenommen und bewertet, dennoch sind sie selbst geruchlos, sie werden Pheromone genannt. Beim Küssen werden diese Lockstoffe, die von der Nasolabialfalte ausgeschieden werden, unbewusst gerochen und als sympathisch oder unsympathisch empfunden. Es stimmt also tatsächlich, dass wir einen Menschen gut riechen oder überhaupt nicht riechen können.

Es gibt aber auch Pflanzen, die dafür sorgen, dass unsere Pheromone stark werden. Als Zauberpflanze par excellence gilt das Kraut der Zauberin Circe. Circea lutensiana, eine ganz unscheinbare Pflanze, die im Halbschatten wächst und sehr schwer zu erkennen ist, da sie leicht mit anderen Wald- und Wiesenkräutern verwechselt wird. Die Circea wird in keiner Pharmakologie erwähnt, und das Wissen von ihrer Wirkung ist nur den weisen Frauen und Männern zu verdanken, die in alter Zeit noch etwas von den geheimen Kräften und Botschaften der Pflanzen wussten. Circea in gutem Alkohol angesetzt, ergibt eine wunderbare Tinktur, deren Gebrauch attraktiv macht! Ja wirklich! Sie können sich davon überzeugen und sich ein paar Tropfen zwischen die Augenbrauen auf die Stirn reiben. Die Menschen fühlen sich dann von Ihrer Ausstrahlung und Ihrem Charme wie magisch angezogen. Die Pflanze belebt aber auch das dritte Auge und Sie können leichter unterscheiden, wer wirklich zu Ihnen passt.

Rosen und Rosmarin sind aus der Liebesmagie nicht wegzudenken. Ein Sträußchen Rosmarin unter dem Kopfkissen lässt uns von unserem zukünftigen Liebsten träumen. Rosmarin macht schön und verjüngt und strafft die Haut. Ein Teelöffel der getrockneten Pflanze als Aufguss und als Gesichtswasser verwendet, galt lange Zeit als geheinmisvolles Zaubermittel für ewige Jugend. Man sprach hier vom »Wasser der Königin von Ungarn«. Eine ungarische Königin, schon siebzig Jahre alt, soll Dank dieses Rosmarinwassers sehr viel jüngere Männer in ihren Bann gezogen und in sich verliebt gemacht haben.

Rosen sind ist *die* Liebesblumen schlechthin. Sie werden in vielen Gedichten besungen und gelten als Zeichen der Liebe.

Eine rote Rose geschenkt zu bekommen, sagt schon alles! Rosenblätter aufs Kopfkissen gestreut, erhöhen den Liebeszauber und sorgen dafür, dass der Geliebte auch treu ist. Der Duft von Rosen stimmt zärtlich und sanft und hält eine Liebesbeziehung sehr lange am Leben. Werden Rosenblätter in ein kleines Kissen eingenäht und ins Bett gelegt, dann führt das zu erotischen Stimmungen und Träumen, in denen der Liebste vorkommt.

Rosen machen natürlich auch schön! Einige kosmetische Firmen (z. B. Soluna, Wala) haben es sich zur Aufgabe gemacht, frische Rosenblätter in Cremes oder Gesichtswässern und Ölen zu verarbeiten. Diese Produkte tun nicht nur der Haut gut, sie geben ihr auch einen einzigartigen Schimmer und erhöhen in wenigen Tagen die Ausstrahlung der ganzen Person. Zugleich umgeben sie die Trägerin mit einem zärtlichen Duft. Auch ein selbst aufgebrühtes Rosenwasser, als Gesichtswasser verwendet, macht lieblich und schön.

Rosenblätter mit Rosmarin gemischt und als Tee getrunken, sorgen für einen rosigen Teint und eine lebhafte Ausstrahlung! Wer einen Tee trinkt, der aus Rosenblättern mit Birkenblättern gemischt ist, wird nicht altern, sondern bleibt immer jung!

Hildegard von Bingen, die große Seherin des Mittelalters, verglich in ihren Schriften den Menschen mit einer Perle. Sie sagt vom Menschen, er sei »wie eine sehr kostbare Perle. In welchen Schmutz diese Perle auch falle, man könne sie immer wieder reinigen und zum Strahlen bringen.« Perlen, die ja aus dem Wasser kommen, werden insbesondere mit dem Mond und der Frau verbunden. In anderen alten Schriften wird erwähnt, dass die Perle ein ganz besonderes Mittel zur Verjüngung sei und die Frauen liebenswürdiger und verführerischer mache. Eine Perlenkette um den Hals getragen, korrespondiert mit der Haut und verleiht der Trägerin eine wunderbare und sanfte Ausstrahlung, die mit keinem anderen Schmuckstück erreicht werden kann – andere Edelsteine oder Edelmetalle wirken geradezu kalt gegen den schmeichelnden Glanz der Perlen. Und es gibt kaum etwas Hässlicheres als eine – womöglich noch mehrreihige – Kette aus Plastikperlen. Im Vergleich zu echten Perlen wirken sie nur billig und vulgär. Um attraktiver zu wirken, brauchen Sie auch keine ganze Perlenkette, eine einzige Perle schon macht Sie anziehender.

Nicht nur die Perle schenkt uns Schönheit, nein, es ist eine lebendige, wechselseitige Wirkung, die da entsteht: Auch die Perlen werden schöner, wenn sie auf der Haut getragen werden. Unsere Großmütter ermahnten ihre Töchter früher, eine Perlenkette nur recht oft auf der bloßen Haut zu tragen, damit deren Schmelz durch die Wärme und Ausscheidungen der Haut verstärkt würde. Perlen werden unansehnlich, wenn sie über längere Zeit in einer Schatulle liegen bleiben. Daher beschäftigten die Juweliere so genannte Perlenträgerinnen, die in ihrem Auftrag Perlen trugen, um deren Schönheit für die zukünftige Kundin zu erhalten. Frauen und Perlen gehen eine sich ergänzende Verbindung ein.

Früher glaubte man, dass eine Perle ein Aphrodisiakum und Fruchtbarkeitsmittel sei. Die Perle regt die Liebeslust an und verstärkt die sexuelle Kraft, wenn man sie in den Mund nimmt und dran lutscht – diesen Rat gab man früher den Ehepaaren. Aber auch eine gemahlene Perle, die als Pulver eingenommen wird, hat aphrodisische Eigenschaften. Frauen sollte das Perlenpulver eine leichtere Empfängnis ermöglichen. Männern, die ihre Liebeslust und -kraft verstärken wollten, wurde empfohlen, doch gleich die pulverisierten Schalen der Perlmuschel (Auster) zu sich zu nehmen. Dieser Ratschlag ist auch nicht weiter verwunderlich, wenn man bedenkt, dass die Anatomie einer Muschel fast identisch mit der der weiblichen Genitalien ist.

Die Perle verhilft aber nicht nur dazu, dass Frauen schöner und Männer stärker werden. Wenn das Unglück einmal geschehen ist und eine vergebliche Liebe mit Enttäuschung und Liebeskummer ins Haus steht, ist die Perle eine tröstende Freundin. Sie mildert Kummer und Trauer als Folge unglücklicher Liebe.

Noch besser als die Perle wirkt hier allerdings die Perlenmutter, das Perlmutt oder Mother of Perl, wie es im Englischen heißt. Eine Kette aus echtem Perlmutt um den Hals getragen wirkt tröstlich und stillt den Kummer. Wie eine Mutter gibt hier die Perlenmutter eine zarte Liebe ab und zieht den Liebeskummer aus der Seele hinaus. Die Perlmuttkette wird bei ihrer Aufgabe in diesen Fällen schnell stumpf und bröselig. Tragen Sie so lange immer wieder eine neue Perlmuttkette, bis die Kette ihren schönen Glanz behält, dann sind Sie endgültig von Liebeskummer geheilt. Wenn eine Perlmuttkette auf diese Art und Weise stumpf geworden ist, hat sie ausgedient und freut sich, wenn sie wieder der Natur zurückgegeben wird. Werfen Sie die stumpf gewordene Kette in einen See, einen klaren Fluss oder ins Meer zurück.

11
Heilen mit Magie

Paracelsus, der große Arzt des Mittelalters, der 1541 in Salzburg starb, und ein immenses Wissen über die Heilkunst und das Wesen der Krankheiten hatte, rechnete ganz selbstverständlich nicht nur Kräuter, Pillen und Salben zur Wissenschaft der Medizin, sondern auch die rechte Anwendung magischer Praktiken. Er sagte sogar sehr treffend: »Zauberei muss man mit Zauberei bekämpfen, alles andere ist wirkungslos und verlorene Liebesmüh.« Diesem großen Arzt und Forscher hat selbst heute noch die moderne Medizin viel zu verdanken und das, obwohl er schon 500 Jahre tot ist. Sein Wissen z. B. über Pharmakologie ist auch heute noch aktuell.

Es gibt Erkrankungen, die hauptsächlich durch äußere Einflüsse entstehen. Dazu gehören, wie jeder weiß, der sich einmal verkühlt hat, Erkältungen, Blasenentzündungen, Muskelschmerzen usw. Andere Gesundheitsstörungen entstehen durch ungünstige Gefühle, wie z. B. durch viel Ärger, Kummer oder Sorgen oder auch durch atmosphärisches Geschehen, wie Witterungseinflüsse. Und schließlich gibt es noch die Erkrankungen, die magische Angriffe als Ursache haben. Dieses Wissen hatten noch die Ärzte des Mittelalters, später im Rahmen der Aufklärung wurde es für rückständig erklärt und verlor sich im Laufe der Zeit beinahe ganz. Nur noch in der Volksmedizin sind Bruchstücke davon erhalten geblieben, allerdings oft ohne das tiefe Hintergrundwissen der alten Ärzte.

Heutzutage werden diese Erkenntnisse von zwei Gruppen geteilt, wie sie verschiedener nicht sein können. Zum einen sind es die wenigen ethnologischen Minderheiten, die noch traditionellen Schamanismus praktizieren, wie z. B. die Tungusen, die Amazonasindianer, Anhänger der Bön-Religion in Tibet und die Shintoisten in Japan, um einige zu nennen. Und zum anderen eine wachsende Zahl von Schulmedizinern, die Selbsterfahrung mit den magischen Heilmethoden hat.

Ich selbst arbeite seit über 25 Jahren neben meiner »normalen« naturheilkundlichen Praxis auch mit magischen Heilungen und habe dadurch vielfältige Erfahrung damit. Innerhalb dieser Jahre konnte ich dieses Wissen auch den so genannten Schulmedizinern weitergeben; ich habe mittlerweile viele Mediziner in der Methodik und Praxis dieser Heilungsmagie ausgebildet und dementsprechend einen offenen und guten Kontakt zu ihnen. So bekam ich häufig die Gelegenheit, in Arztpraxen oder Krankenhäusern schamanisch zu arbeiten.

Was mich trotz meiner eigenen unaufhörlichen magischen Arbeit dann schließlich doch überraschte, war die Feststellung verschiedener Schulmediziner, dass etwa 50 Prozent der

Erkrankungen und Gesundheitsstörungen eine Ursache in der unsichtbaren Welt haben und nur durch magische Heilung gebessert werden könnten.

Im Klartext gesprochen heißt das, wenn ein Mensch z. B. Schulterschmerzen hat, so kann das eine ganz normale Störung sein, die durch eine Überlastung des Gelenks zustande kam. Zu 50 Prozent aber stehen hinter diesen Beschwerden magische Ursachen, die nur mit magischen Mitteln bekämpft werden können. Wer nicht sehen kann, was wirklich hinter einem Symptom steckt, wird in einer Sackgasse landen, die Beschwerden werden persistieren.

Hier geraten wir dann auch in die Grauzone, in die sich die zahlreichen Personen hineindrängen, die unbedingt »Heiler« sein möchten. Pianist möchte kaum einer werden, denn bei seinem Spiel kann jedermann sofort an den Misstönen erkennen, wenn er sich in den Tasten vergriffen hat. Der »Heiler« unterliegt nicht einer solch krassen Evidenz, er muss nichts können. Wenn's nicht geholfen hat, sagt er »Karma, Karma« oder »du bist noch nicht bereit«. Die vielen Jahre meiner Praxisarbeit haben mich in diesem Gebiet geradezu Ungeheuerliches sehen lassen. Anmaßung und Selbstüberschätzung sind hier Tür und Tor geöffnet.

Das kann alles gut und schön sein, solange der Heiler seine Grenzen kennt und die konventionelle Medizin nicht verteufelt, sondern altes und neues Wissen kombinieren kann. Und das scheint mir eines der wichtigsten Kriterien zu sein!

Wenn aber Karzinome ausschließlich mit Klangschalen und Adlerfedern geheilt werden sollen, ist diese Grenze deutlich überschritten. Verstehen wir uns nicht falsch, es gibt ausgezeichnete Laien, die gute Heilkräfte haben und diese auch gerne den Mitmenschen zur Verfügung stellen. Ihnen gegenüber steht allerdings das große Heer esoterisch angehauchter Täuscher, die seit einem Kursbesuch Eingeweihte und Heiler sind.

Nichts spricht dagegen – und das praktiziere ich seit Jahren – gemeinsam mit der Schulmedizin und magischen Methoden zum Wohle des Kranken zu arbeiten. Der Erfolg und dankbare Patienten geben mir Recht.

Paracelsus findet zum Thema Heilen ganz wunderbare Worte: »Jede Krankheit ist ein Fegefeuer. Daher kann kein Arzt heilen, wenn nicht nach Gottes Ratschluss das betreffende Fegefeuer beendet werden soll. Denn der Arzt soll und kann nicht gegen die göttliche Bestimmung wirken … Da Gott uns die Krankheit geschickt hat, könnte er sie uns auch ohne Arzt nehmen … Der Grund dafür, dass das nicht so geschieht, ist der, dass Gott nichts ohne den Menschen tun will. Tut er Wunder, so wirkt er sie durch Menschen und an Menschen.« Wer in diesem Sinne an das obige Thema herangeht, befindet sich auf dem rechten Weg und hat die nötige Demut, um die Gottesgabe der magischen Heilung durch sich wirken zu lassen.

Zum Heilen der durch Magie verursachten Erkrankungen hat Gott uns in der Natur großartige Mittel zur Verfügung gestellt.

Es gibt Pflanzen, die die bösen Angriffe vertreiben, wie das Johanniskraut oder ein geheimnisvolles Moos, das nur an unzugänglichen Stellen wächst. Die Natur schenkt uns auch die magischen Steine und wunderschönen Halbedelsteine, die wir gegen dunkle Mächte verwenden können, um uns vor ihnen zu schützen. Und schließlich kann auch der Mensch selbst durch seine Geistesgaben viel auf diesem Gebiet erreichen: Uralte Sprüche, Zauberformeln und vor allem Gebete, die oft als Beschwörung dienen, bringen hier Hilfe. Von all dem handeln die folgenden Kapitel.

12
Wunderbare Gegenstände

Seit jeher haben Kunsthandwerker, Goldschmiede und Heilkundige Gegenstände geschaffen, die einen Zauber ausströmten. Manchen dieser Gegenstände wurde auch eine magische Wirkung zugeschrieben. Es gibt aber auch draußen in der Natur Zauberdinge, die eine ganz besondere Kraft und Wirkung haben. Eine ganz spezielle Magie haben die so genannten Lochsteine. Sie sind hochbegehrt bei allen, die etwas von Magie und Zauberkunst verstehen. Vielleicht sind sie auch deshalb besonders kostbar, weil sie so schwer zu bekommen sind.

Lochsteine sind Steine, die ein natürliches Loch aufweisen. In den angelsächsischen Ländern ist man der Überzeugung, dass diese Steine eine große magische Kraft haben. Voraussetzung für die Entfaltung dieser besonderen Kräfte ist, dass der Stein in der freien Natur *gefunden* wird. Erst mit dem Besitz eines solchen Steines wird ein Adept zum echten Magier, erzählt ein traditioneller schottischer Magier. Je nach Art der Landschaft, in der der Betreffende wohnt, kann es einige

Jahre dauern, bis es so weit ist, dass der Glückliche einen solchen Stein sein Eigen nennen kann. In England wird ein solcher Stein »Stein der Göttin« oder »Hag-Stein« genannt.

Ein Hagstein eignet sich als Amulett, denn er besitzt von Natur aus die Eigenschaften Glück zu bringen und zu schützen und negative Energien zurückzuwerfen. Einen solch wertvollen Stein trägt man in einem Beutel bei sich. Wenn es die Größe erlaubt, auch an einer Kordel um den Hals. Um wirken zu können, muss der Stein von seinem zukünftigen Besitzer »gefunden« werden. Das bedeutet aber auch, dass ein gekaufter Hagstein nicht die Wirkung hat, die Sie von ihm wünschen. Die Geister der Natur kann man eben nicht herbeizwingen, wie sehr das manche auch möchten.

An der Ostsee und in Mecklenburg-Vorpommern sind die Lochsteine heute noch unter dem Namen »Hühnergötter« bekannt. Wie man mir mehrfach erzählte, gehen die Bauernkinder gerne auf Suche nach diesen Steinen. Schon ein einziger davon, in den Hühnerstall gelegt, sorgt dafür, dass die Hennen wieder mehr Eier legen. Die Eier selbst sind dann auch größer und gesünder als diejenigen, die zuvor ohne Hilfe des Hühnergottes gelegt wurden.

Falls Sie keine Hühner haben und den Stein für Ihre eigene Magie nutzen wollen, ist es gut zu wissen, dass die natürlichen Kräfte dieser Steine derart groß sind, dass Sie keinerlei andere Rituale zu Verstärkung mehr mit ihm zu machen brauchen, also keine weiteren Weihen, Räucherungen, Besprechungen und andere Prozeduren. Eine Reinigung von Verschutzungen, Erdresten usw. ist natürlich in Ordnung. Aber bitte keine Reinigungsmittel wie Seife oder Waschpulver dabei verwenden!

Halten Sie also als glücklicher Finder eines Hagsteines diesen nur unter fließendes Wasser. Am besten ist natürliches Wasser, ein Bach, ein Fluss oder das Meer. Anschließend lassen Sie ihn im Sonnenlicht trocknen. Dann haben Sie einen starken Beschützer, der persönlich für Sie gedacht ist. In einigen dieser magischen Steine kann man mühelos die Wesenheit erkennen, die in ihnen wohnt.

Zwei Augen, Nase und Mund kennzeichnen das Gesicht des Steines. Solche gleichsam beseelten Steine sind der Traum jedes Magiers! Eine spezielle Kraft wohnt dann in ihnen. Da Steine das älteste Wissen der Welt haben – sie sind ja das Älteste, was es auf unserer Erde gibt –, können die Steinwesen der Hagsteine uns Antwort auf viele Fragen geben.

Das wichtigste Symbol des christlichen Abendlandes ist das Kreuz. Als Schmuckstück getragen zeigt es die christliche Gesinnung des Trägers, gleichzeitig gilt es als eines der stärksten magischen Schutz- und Bannzeichen. Unzählig sind die Geschichten, Legenden und Sagen, in denen berichtet wird, wie Menschen mit Hilfe des Kreuzzeichens aus Gefahren gerettet und vor dem Bösen geschützt worden sind. Dass sich das Kreuz so stark als Schutzzeichen und Amulett verbreiten konnte, liegt aber auch daran, dass es schon in vorchristlicher Zeit wohl bekannt und verbreitet war. Auch bei den »Heiden«, den Germanen, Kelten, Römern und sogar bei den Völkern des Orients war es als religiös-magisches Zeichen beliebt. Bei den nördlichen Völkern betrachtete man ein gleichschenkliges Kreuz in einem Kreis vor allem als Symbol für die Sonne und ihre Kraft. Seine vier Balken werden aber auch mit den vier Himmelrichtungen und ihren magischen Qualitäten in Verbindung gebracht.

Durch die Verbindung mit Christus bekam es eine neue Bedeutung. Die Menschen des Mittelalters fühlten sich durch Teufel und böse Geister bedroht. Krankheit, Unwetter, Missernten, Not und Tod wurden nach ihrem Glauben durch den Teufel oder allerlei missgünstige Geister verursacht. Das Kreuz schützte sie vor all diesem Spuk. Man trug es um den Hals oder nähte es in die Kleider ein (Siehe auch das Kapitel »Schützender Schmuck«). Mit diesem Zeichen wurden auch Gegenstände geheiligt oder mit stärkerer Kraft versehen.

So war es bis vor einigen Jahren noch in vielen Familien üblich, ein Kreuzzeichen mit dem Messer über einen Brotlaib zu ritzen, bevor man ihn anschnitt. Vielleicht erinnern sich noch einige Leser daran. Auch Kerzen erhielten eine besondere Kraft, wenn sie mit einem Kreuzzeichen versehen wurden, sie halfen dann bei Gewitter und Unwettern und schützten vor Blitzschlag.

Wenn ein Mensch in einer Notsituation und in äußerster Bedrängnis war, gab es auf dem Land den Brauch, mit der Zunge am Gaumen ein Kreuz zu zeichnen, um vor dem Bösen geschützt zu sein.

Unsere Ahnen hatten, von allerlei Gefahren umgeben, als starke Hilfsmittel gegen schädliche Einflüsse eine Vielzahl von wunderbaren Gegenständen, die sicheren Schutz versprachen. Eines der stärksten Zeichen war und ist die Benediktusmedaille, die auch heute noch an Wallfahrtsorten zu erwerben ist. Sie ist sehr alt und ihre Geschichte lässt sich bis ins 11. Jahrhundert zurückverfolgen. Der heilige Benedikt, der 480 n. Chr. geboren wurde, verwendete in seinem Leben häufig das Kreuzeszeichen, um das Böse abzuwehren oder um Wunder zu wirken.

Auf der einen Seite der Medaille ist ein Bild des heiligen Benedikt zu sehen, der entweder ein Kreuz oder einen Kelch in der Hand hält. Der Kelch geht auf ein Ereignis in seinem Leben zurück. Missgünstige Leute wollten ihn vergiften und mischten Gift in sein Trinkglas. Benedikt überkam intuitiv ein warnendes Gefühl, als er den Becher in der Hand hielt. Er schlug ein Kreuzzeichen darüber und murmelte einen Bannspruch, da zersprang das Glas. Damit erwies sich Benedikt als ein mächtiger Zauberer, dem seine Gegner nichts anhaben konnten. »Das Todesgift konnte dem Kreuze nicht widerstehen und der gläserne Becher zerbrach wie von einem Stein zerschmettert«, beschreibt ein Zeitgenosse diesen Vorfall. Daher gilt die Benediktusmedaille als starkes Hilfsmittel bei geistigen und materiellen Nöten, sie gilt als besonders wirksam gegen Seuchen, Gifte, bestimmte

Krankheiten und Hexereien, sofern sie im Glauben gebraucht wird.

Die Rückseite der Medaille ist allemal viel interessanter als die Vorderseite, denn sie steht voll in der Tradition der alten magischen Bannzeichen und Runensprüche. In der Mitte des Kreises steht ein gleichschenkliges Kreuz, in dem sich das alte Sonnenzeichen und das christliche Kreuz zu einer neuen Kraft verbinden. In der Kreislinie und den Kreuzesbalken steht eine Anordnung von Buchstaben, die wir als Bann- und Schutzsprüche gegen das Böse und als starke Gebete auffassen mögen.

Deutlich sind die Buchstaben zu erkennen, aus denen sich die Bannsprüche Benedikts zusammensetzen. Bei den Buchstaben handelt es sich jeweils um den Anfangsbuchstaben eines lateinischen Wortes. Die Anordnung der Buchstaben gibt in dieser Reihenfolge gelesen folgenden Sinn:

C.S.P.B.	Crux Sancti Patris Benedicti Kreuz des heiligen Vaters Benedikt
C.S.S.M.L.	Crux Sancta Sit Mihi Lux Das heilige Kreuz sei mein Licht
N.D.S.M.D.	Non Draco Sit Mihi Dux Der Drache sei mein Führer nicht
V.R.S.	Vade Retro Satan Weiche zurück Satan
N.S.M.V.	Non Suade Mihi Vana Flüstre mir nichts Eitles ein

S.M.Q.L.	Sunt Mala, Quae Libas
	Böse ist, was du ausgießest
I.V.B.	Ipse Venenum Bibas
	Trinke dein Gift selbst

Für die einfachen Menschen – und das waren die meisten, denn wer, außer dem Klerus, konnte Latein und lesen – wirkten die Buchstaben unverständlich und geheimnisvoll. Sie weckten die Erinnerung an die magischen Runenzeichen und Stabreime ihrer Vorfahren.

Die verschlüsselten Formeln und die Anordnung in Kreis und Kreuz wirkten wie ein zauberisches Amulett und machten die Medaille zu einem der mächtigsten Zeichen überhaupt. Es heißt auch, dass diese Medaille für sich alleine wirksam sei. Keine weitere Verstärkung durch Gebete oder magische Handlungen ist nötig, damit sie ihre Kraft entfalten kann. Es genügt also, sie bei sich oder im Haus zu haben. Man nagelte sie daher in Häusern, in denen es spukte oder Streit herrschte, über den Türen an. Sehr verbreitet war auch die Sitte, sie in Kleider einzunähen oder sie kranken oder von Angst geplagten Menschen auf die Brust zu legen.

Eine geheimnisvolle, hochmagische und für uns moderne Menschen unverständliche und komplizierte Angelegenheit sind die so genannten Skapuliere. Eine ähnliche Praxis finden wir heutzutage nur noch in der tibetischen Bön-Religion und im tibetischen Buddhismus, wo gesegnete Stoffstücke eine wichtige Rolle spielen.

Der Begriff kommt vom lateinischen »scapula« Schulter. Skapulare waren früher eine Art schürzenartiger Überwurf, wie man sie heute noch bei einigen Ordensgewändern sehen kann, bei dem Kopf und Schultern frei waren. Sie sahen nicht nur wie Schürzen aus, sondern hatten auch deren Funktion, die Kleidung vor Verschmutzungen zu schützen.

Bei den Skapulieren hingegen handelt es sich um zwei kleine rechteckige Stoffstückchen, die mit langen Bändern verbunden sind. Sie wurden unter der Kleidung so getragen, dass eines der Stoffstückchen auf der Brust und eines auf dem Rücken zu liegen kam. Auf den Stoffstücken sind Heiligenbilder oder Segens- und Gebetsformen aufgedruckt oder aufgenäht. Skapuliere wurden in bestimmten Zeremonien gesegnet und den Menschen in der vorgeschriebenen Weise um den Hals gelegt.

Es gibt verschiedene Skapuliere, die sich durch ihre Herkunft und ihre Farbe unterscheiden. Für besonders wirksam wird das so genannte fünffache Skapulier gehalten. Es besteht aus fünf einzelnen Skapulieren, die zu einem zusammengefügt wurden:

Das weiße Skapulier der Trinitarier
Das rote Skapulier der Passion
Das blaue Skapulier Mariens
Das schwarze Skapulier der Serviten
Das braune Skapulier vom Berge Karmel

Das weiße Skapulier ist das älteste und geht auf das Jahr 1198 zurück. Das zweitälteste ist das schwarze Skapulier, es entstand um das Jahr 1240. Alle wurden von heiligen Männern oder Frauen in mystischen Visionen geschaut und dann verbreitet. Skapuliere wurden Tag und Nacht wie Amulette getragen. Man versprach sich eine starke Schutzwirkung durch sie: So sollten sie gegen Krankheiten, Unfälle, Gespenster und Teufelswerk und nachts auch gegen das gefürchtete Tözgeli helfen.

Im alpenländischen Raum gibt es viele – auch neuzeitliche – Geschichten, wie das Tragen des Skapuliers Unheil abgewendet hat. Eine besonders große Rubrik bilden dabei die Erzählungen, bei denen die Betroffenen starken Sinnestäuschungen und Verblendungen (Teufelswerk) oder Versuchungen ausgesetzt waren. Im Bewusstsein des Skapuliers, das sie auf der Haut trugen, war all dieses Blendwerk nach einem anfänglichen Schrecken schnell verpufft.

Noch im Jahre 2002 erzählte mir eine Frau aus Einsiedeln in der Schweiz, dass sie als Schulkind das Skapulier getragen hätte. »Damals trugen fast alle – Kinder wie Erwachsene – ein Skapulier unter der Kleidung. Es hieß nämlich, es sei wichtig für einen guten Tod. Und wir waren auch hier um Einsiedeln herum vor schweren tödlichen Unfällen, wie sie in der Landwirtschaft und in den Bergen vorkommen, geschützt.« In der Maiausgabe 2004 der »Bunten« war der Schauspieler und Regisseur Mel Gibson mit einem Skapulier abgebildet.

Die Skapuliere haben etwas mit der uralten Stoffmagie zu tun. Sie sind der letzte Rest dieses kaum mehr gebräuchlichen magischen Schutzzaubers. Etwas vergleichbar Ähnliches gibt es noch vereinzelt in England und Irland und an der Bucht der Aphrodite auf Zypern. Dort sind an heiligen Plätzen und Quellen Büsche und Bäume mit weißen Stofffetzen behängt. In jeden dieser Streifen ist ein Wunsch eingeknotet, von dem man hofft, dass der Wind ihn in den Himmel hinaufträgt und er bald in Erfüllung geht. Im tibetischen Buddhismus erinnern uns die weißen Stoffschals, die sich die Menschen dort zur Begrüßung schenken und um den Hals legen, an diesen Brauch, den es auch bei uns gab. Die so genannten Gebetsschals sollen Glück und Segen bringen und ihren Träger vor Unheil schützen.

In den christlich-orthodoxen Kirchen des Ostens ist es üblich, bei schweren Anliegen während der Liturgie den Stoff des priesterlichen Gewandes zu berühren, wenn der Priester während der Messe umhergeht. Das bezieht sich auf eine Stelle des Evangeliums, die berichtet, dass ein Kranker Heilung fand, als er während einer Predigt den Saum des Gewandes von Jesus berührte. Und so sieht man auch noch heute immer wieder Menschen, die sich während des Gottesdienstes in der Kirche niederknien und versuchen, bittend das Messgewand mit der Hand zu streifen. In der katholischen und in der orthodoxen Kirche ist es Brauch, dass der Priester, während er ein Gebet für eine Person spricht oder darum bittet, dass ihr die Sünden erlassen werden, eine mit christlichen Symbolen bestickte Stola auf den Kopf des Betreffenden legt. Auch an diesen Beispielen sehen wir, dass die uralte Stoffmagie unserer Vorfahren noch in Bruchstücken auch bei uns zu finden ist.

13
Schützender Schmuck

Schmuck war schon immer ein ganz individueller Ausdruck der eigenen Persönlichkeit. In magischer Hinsicht kennen wir unzählige Schmuckstücke aus allen Kulturen der Welt, die getragen werden, um vor Unheil zu schützen. Genauso wie Christen zum Schutz das Kreuz tragen, so tragen andere Kulturen ihre eigenen Symbole, die alle hochheilig sind und letztlich den einen Sinn haben: Was oder wer immer versucht, der absoluten Heiligkeit Gottes entgegenzuwirken, wird zu Asche verbrannt.

In den westlichen Ländern ist vor allem das Tragen eines Schmuckkreuzes beliebt.

Kürzlich eigneten sich sogar Modeschöpfer dieses Symbol als absolutes Designer-Schmuckstück ohne jeden spirituellen Hintergrund an. Und so sehen wir Personen, die zwar überdimensionale und sehr dekorative Kreuze tragen, die einem Bischof Ehre machen würden, aber als reiner Modeartikel gebraucht werden.

Das Kreuz ist übrigens nicht erst seit dem Christentum ein beliebtes Schutzzeichen. In gleichschenkliger Form und oft auch von einem Kreis umgeben, wurde es in vorgeschichtlicher, germanischer und keltischer Zeit als Symbol für Schutz und Kraft verwendet. Reichhaltige archäologische Funde aus diesen Zeiten können das bezeugen. In der abendländischen christlichen Kultur kennen wir verschiedene Kreuzformen: das übliche Kreuz mit dem verlängerten vertikalen Balken, das Jerusalemkreuz, orthodoxe Kreuzesformen, das Caravacakreuz, das Kreuz des heiligen Benedikt, das Andreaskreuz, das Scheyrerkreuz usw.

Von besonderer mystischer Bedeutung sind das schon zuvor ausführlich besprochene Benediktuskreuz und das Caravacakreuz. Dieses zweiarmige Kreuz wurde als Haussegen, zum Schutz vor der Pest und als allgemeines Schutzamulett verwendet. Die Entstehung dieses Schutz- und Glückszeichens geht auf eine Legende zurück. Ein maurischer König in der spanischen Stadt Caravaca zwang zur Zeit der Maurenkriege einen Priester, eine Messe für die dort gefangenen Christen zu lesen. Da aber die Christen von den Mauren besiegt und alle Kreuze zerstört waren und es daher auch keine Altarkreuze gab, weigerte sich der Priester. Da öffnete sich vor aller Augen der Himmel und es erschien das doppelbalkige Kreuz von zwei Engeln getragen. Dieses Wunder berührte den maurischen König so, dass er sich zum Christentum bekehrte und das Kreuz in seine Schatzkammer bringen ließ. Die Legende verbreitete sich schnell in ganz Europa. Die Nachbildungen des Caravacakreuzes wurden mit heiligen Zeichen oder Buchstabenkombinationen versehen. Oft trägt es die Initialen von verschiedenen Segenssprüchen und Beschwörungen. Als Amulett verbreitete es sich schnell über ganz Europa und galt als starkes Beschwörungszeichen für Geister. Denn es ging die Kunde, dass das Caravacakreuz alle Geister bezwingen konnte: »Vor diesem Pfahl erschrecken alle Geister«, hieß es. 1678 wurde das Caravacakreuz von der Kirche verboten. Der Glaube an seine magischen Kräfte blieb jedoch nach wie vor ungebrochen. Man glaubte, dass es vor der Pest schützen könne und verwendete es als Schmuckstück und als Haussegen.

Ein weit verbreitetes Schutzzeichen der modernen Zeit ist die wunderbare oder wundertätige Medaille aus Paris. Die wenigsten jedoch wissen, was es damit auf sich hat. Betrachten wir als Erstes die Medaille selbst. Sie ist oval und auf der vorderen Seite sehen wir ein Bild der Gottesmutter, die mit ausgebreiteten Armen aufrecht dasteht. Aus ihren Händen fließen Lichtstrahlen. Ihre Füße stehen auf der Weltkugel und mit dem rechten Fuß zertritt sie den Kopf einer Schlange, ihr linker Fuß ist auf den Schwanz der Schlange aufgesetzt. Im Bogen über Maria steht der Satz: »O Maria, ohne Sünde empfangen, bitte für uns, die wir zu dir unsere Zuflucht nehmen.«

Die Rückseite der Medaille trägt in der Mitte den großen Buchstaben M, in den ein Kreuz hineingewoben ist. Unter diesem starken Zeichen, das sehr an eine germanische Binderune erinnert, sind zwei kleine Herzen zu sehen. Links ist das Symbol für das Herz Jesu, das von einer Dornenkrone umwunden ist und rechts ist das Herz Mariens, das von einem

Schwert durchstoßen ist, abgebildet. Aus beiden Herzen strömen symbolische Flammen, die für die Liebe stehen. Diese Darstellung ist von zwölf Sternen umgeben, die es umrahmen.

Die Geschichte der Medaille ist bemerkenswert, da es sich um ein gut recherchiertes Ereignis handelt. Im Jahre 1830 erschien in der Nacht vom 18. auf 19. Juli die Muttergottes erstmalig einer jungen Nonne in der Kapelle ihres Klosters. Die Nonne, Katharina Laboure, wurde nachts geweckt und in die Kapelle geführt. Dort wartete die Heilige Jungfrau auf sie und unterhielt sich zwei Stunden lang mit ihr. Maria saß die ganze Zeit auf dem einfachen Stuhl des Spirituals, der heute noch in der Kapelle zu sehen ist. Während des Gesprächs gab die Gottesmutter der jungen Nonne den Auftrag, die wunderbare Medaille als wichtiges Schutz- und Segenszeichen für alle Menschen prägen zu lassen. Nach einigen Schwierigkeiten gelang dies und die Medaille verbreitete sich in kürzester Zeit in Frankreich und in der ganzen Welt.

Aufgrund ihrer hohen Wirksamkeit wurde die Medaille sehr schnell vom Volk die »Wunderbare« oder »Wundertätige« genannt. In unzähligen Briefen berichten Menschen, wie ihnen durch das Tragen dieses Schmuckstücks geholfen wurde, es gab Heilung von Krankheiten, Rettung aus Gefahr und Hilfe in schwierigen, persönlichen Angelegenheiten. Mutter Teresa, die unvergessliche albanische Nonne, die in Indien den Ärmsten der Armen hingebungsvoll diente und sie pflegte, war so sehr von der Wirkung der »Wunderbaren Medaille« überzeugt, dass sie sie an Plätzen und Häusern niederlegte. Immer wenn sie für ihre Kranken ein neues Haus brauchte, warf sie die Medaille durch ein offenes Fenster hinein. Noch nie musste sie vergeblich auf das Haus warten, sondern bekam es dann für ihre Armen zur Verfügung gestellt. Eine echte magische Handlung!

Maria erschien der jungen Nonne Katharina insgesamt dreimal. Sie sagte ihr, dass alle, die die Medaille um den Hals (!) tragen, besondere Gnaden und besonderen Schutz erhalten. Bemerkenswert an dieser ganzen Geschichte ist, dass die Personen, die damit verbunden sind, von äußerster Bescheidenheit sind – und das macht sie sehr glaubwürdig. Katharina schwieg 46 Jahre lang darüber, dass sie diejenige war, der die Muttergottes erschienen ist. Eine große Leistung, wenn man bedenkt, wie viele mit ihren mehr oder weniger großen spirituellen Erfahrungen prahlen und hausieren gehen! Sie arbeitete 46 Jahre lang als Ordensschwester in einem Altenheim, leerte Nachttöpfe aus und versorgte die Hühner. Außer dem Geistlichen des Klosters und dem Bischof wusste bis zu ihrem Tod kein Mensch, dass sie diejenige war, mit der die Jungfrau Maria dreimal gesprochen hatte.

Auch heute noch, bei einem Besuch des Klosters in der Rue du Bac in Paris fällt diese äußerste Bescheidenheit, die Ignatius von Loyola die »Scham der Erfahrung« nennt, auf. In einem einfachen, kleinen Raum des Klosters werden die Medaillen für wenige Cent an die Gläubigen verkauft oder verschenkt. Die Kapelle, in der die Erscheinungen stattfanden, ist schlicht und auf den ersten Blick etwas kitschig, und dennoch wird ein jeder von einer unglaublichen Stimmung der Liebe und Freude mitgerissen. Ganz deutlich ist die lebendige Anwesenheit von einer lebensspendenden, heiteren Kraft zu spüren. Die Menschen, die dorthin kommen, wirken zeitgemäß und offen, es haftet ihnen nichts Bigottes oder Frömmelndes an. Diese Kirche der Erscheinungen ist ein echter moderner Kraftort, mitten in der Großstadt Paris! Nicht selten brechen die neu angekommenen Besucher voll tiefer Freude in Glückstränen aus, wenn sie zum ersten Mal diesen heiligen Raum betreten: Sie haben das Gefühl, endlich nach Hause gekommen zu sein.

Die Erklärung der katholischen Kirche zum Gebrauch der Medaille ist bemerkenswert weise: »Wo keine Peripherie ist, ist auch kein Mittelpunkt. Unsere Aufgabe ist es nicht, die Peripherie abzuschaffen – denn sonst wird bald der Mittelpunkt selbst zur Peripherie –, sondern sie mit dem Mittelpunkt zu verbinden« (Kath. Handbuch, Bd. I).

Die Medaille ist nach Meinung der Kirche kein Talisman oder Glücksbringer, sondern als Zeichen von Mariens Schutz eine Sakramentalie. Das bedeutet nichts anderes als ein Zeichen von Gottes Segen und Schutz, in einer Welt, die vielfach vom Bösen beherrscht wird. Hier treffen wir auf die urmenschlichsten Bedürfnisse nach Schutz und Segen, die schon unsere Urväter und -mütter in allen Zeiten und Kulturen bewegte. Viele moderne Menschen halten durch diese »Sakramentalien« wenigstens eine emotionale Verbindung zum Glauben an einen Gott.

Ein interessantes Äquivalent finden wir im arabischen Kulturkreis. Dort gibt es wunderschöne filigrane Silberanhänger, die die erste Zeile der Sure al-Fatihah darstellen. Sie lautet:

Bismi Llah ir-Rahman, ir-Rahim
Im Namen Gottes, des Allergnädigsten und
Allbarmherzigsten

Wer diese Zeilen um den Hals(!) trägt, dem kann kein Unheil widerfahren, alles Schädliche prallt von diesen heiligen Worten ab und jede Krankheit wird geheilt, ob sie nun geistig, innerlich oder weltlich ist. So und nicht anders haben es die arabischen Ärzte bezeugt, die mit dieser Sure heilen konnten. Ein Heilmittel aus heiligen Worten konnte auf mehrerlei Art und Weise wirken. Man trug die Worte als Schmuckstück stets bei sich, oder man schrieb sie auf ein Stückchen Papier und verzehrte es dann oder man wiederholte die heiligen Worte 40 Tage lang jeweils 41-mal.

Auch aus der Kabbala oder dem germanisch-keltischem Kulturkreis ist ein ganzer Schatz an Schutzamuletten bekannt, die heutzutage vermehrt über den esoterischen Handel zu beziehen sind. Dass Edel- und Halbedelsteine eine Schutzwirkung auf den Menschen haben, ist ein alter Glaube, der schon im Alten Testament belegt ist. Dort wird z. B. geschildert, dass der so genannte Brustschild des Hohen Priesters aus einer rechteckigen Goldplatte besteht, in die zwölf Edelsteine eingelassen sind.

Auch in der modernen Zeit setzt sich die Praxis der Amulette aus schützenden Edelsteinen fort. So ist es möglich, ganz persönliche Amulette für Hilfe suchende Menschen anzufertigen, die sie in schwierigen Lebensphasen unterstützen. Der magische Heiler nimmt dazu Kontakt zum Betreffenden auf, was entweder über die Stimme, über den Namen oder das Geburtsdatum geschehen kann. Dann versetzt er sich in Trance und wählt zwei oder drei Halbedelsteine aus, knotet sie mit einem Lederbändchen zusammen und hat damit einen wirksamen Talisman geschaffen. Diese persönlichen Steinkombinationen wirken gelegentlich so stark, dass es sich empfiehlt, die Kette in den ersten Wochen nur 10–20 Minuten zu tragen.

Grundsätzlich aber gilt, dass der Mensch sich mit seinem persönlichen Amulett sofort wohl und sicher fühlen soll. Normalerweise entwickelt der Träger ein starkes Sympathiegefühl zu seinen Steinen. Wenn das Amulett seine Aufgabe erfüllt hat und die Steine dabei eventuell sogar trüb und brüchig geworden sind, ist es am besten, sie wieder der Natur zurückzugeben. Das heißt, Sie werfen sie in einen Fluss oder See oder vergraben sie in der Erde, aus der sie gekommen sind.

14

Starke Zeichen: Schutz- und Glückssymbole

Schon immer gab es in aller Welt bestimmte Symbole und Zeichen, die den Menschen Glück und Schutz versprachen. Der Schatz an diesen Symbolen ist überaus reich und vielfältig. In arabischen Ländern gab es die silberne Hand der Fatima, die alles Böse abwehren sollte. In Italien erfüllte eine große Koralle, die wie ein Horn in sich gewunden war, denselben Zweck. Besonders gefürchtet war der böse Blick, vor dem man vor allem in den südlichen Ländern Angst hatte. Damit sind Krankheiten und Unglück gemeint, die aufgetreten sind, nachdem einer Person oder einem Tier ein eindringlicher, bösartiger Blick zugeworfen wurde. Dieser Blick, der voller Neid und Vernichtung war, konnte ein Unglück heraufbeschwören. Aus diesem Grund hatten manche Völker richtiggehend Angst davor, wenn z. B. ein kleines Baby bewundert wurde. Zu sagen, wie schön ein Kind ist oder wie gut es ihm geht, konnte nämlich neiderregend sein und dem Baby schaden. Deshalb gaben die Chinesen ihren Kleinkindern oft Kosenamen, die sie als besonders hässlich darstellten, wie »mein Krüppelchen, mein Fettkloß« usw., damit auf gar keinen Fall ein neidisches Auge auf sie fiel.

Unsere Ahnen wussten, dass Neid eine der schlimmsten negativen Kräfte ist, die den anderen missgünstig betrachtet und ihm Gesundheit und Glück missgönnt. Da war es wichtig, sich schon im Vorhinein dagegen zu schützen.

Alle diese Schutz- und Glückssymbole, die im Volksbrauchtum beliebt waren und noch sind, haben etwas Geheimnisvolles an sich. Ihr Sinn ist nicht jedem Betrachter einsichtig, und gerade das macht sie so kraftvoll und wirksam. Diejenigen Menschen, die ihre Bedeutung kennen, erkennen sich auch gegenseitig. Gerade bei Schmuckstücken gibt es viel Geheimnisvolles zu entdecken, denn hier wurden zahlreiche alte Symbole von modernen Schmuckherstellern übernommen, die auch heute noch gerne getragen werden. So bedeutet ein goldenes Herz an einer Kette, dass der Träger oder die Trägerin sich die Liebe wünscht oder an eine Liebe erinnert werden möchte. Was aber ist mit den hübschen Herzen aus Halbedelsteinen? Solange die Steine bunt sind, ist alles erlaubt, was gefällt. Ein dunkles Herz aus Onyx, Obsidian oder einem schwarzen Turmalin sollten Sie nicht unbedenklich tragen, denn es hat eine ganz besondere Bedeutung. Seit uralter Zeit nämlich symbolisieren dunkle Herzen die weibliche Fruchtbarkeit. Früher opferten Frauen mit einem Kinderwunsch Herzen aus einem dunklen Stein, um diesen Wunsch erfüllt zu bekommen. Ob wir es wissen oder nicht, diese Zeichen wirken, auch wenn wir uns dessen nicht mehr bewusst sind.

Aus diesem Grund bin ich dafür, nur solche Symbole zu tragen und zu verwenden, die wir kennen und hinter deren Bedeutung wir stehen können. So ist das Symbol des Fisches in einigen Ländern ein Schutz- und Glückszeichen. Für die Chinesen bringt dieses Symbol vor allem finanzielles Glück, weil im Chinesischen das Zeichen für Fisch phonetisch einen ähnlichen Klang wie das Zeichen für Geld hat. Das Abbild eines dicken roten Schmuckkarpfens gilt in China als Wohlstandszeichen. Wer dort einen Fisch als Schmuckstück trägt, zeigt, dass sein Sinnen und Trachten vorrangig ganz auf materiellen Reichtum ausgerichtet ist.

In Japan dagegen beschützt das Zeichen des Fisches ganz besondere Menschen. Ein Sprichwort sagt dort: »Wer gegen den Strom schwimmt, dem steht die Jadepforte offen.« Das Bild eines aufrecht stehenden Fisches wird daher gerne von Menschen, deren Ziel es ist, ihre Persönlichkeit immer weiter zu entwickeln, als Schutz- und Glückssymbol gewählt.

Auch das Christentum kennt das Zeichen des Fisches, aber diesmal bedeutet es wiederum etwas ganz anderes. Das griechische Wort für Fisch heißt *Ichtys*. Die einzelnen Buchstaben dieses Wortes stehen für die Anfangsbuchstaben von Jesus Christos Theou Yios Soter (Jesus Christus Gottessohn Retter). Die frühen Christen der antiken Welt erkannten sich mit dem Zeiches des Fisches, das sie als Schmuckstück trugen oder wie zufällig mit einem Stock in den Sand zeichneten, wenn es wichtig war, sich wortlos zu verständigen. Der Fisch im abendländischen Kulturkreis zeigt, dass sich ein Mensch zu

Christus bekennt. Heute noch werden in Griechenland Schmuckstücke im Zeichen des Fisches hergestellt und getragen.

Unser Leben und unser Glück sind zerbrechlich. Deshalb haben die Menschen aller Zeiten stets versucht beides zu schützen, die magischen Bräuche aus aller Welt geben uns Zeugnis davon. Immer hat es Menschen gegeben, die durch eine besondere Begabung Zugang zu anderen Welten hatten. Auch mir ist es gelungen, in diese Räume des Bewusstseins zu gelangen, und zwar einzig deshalb, um anderen Menschen zu helfen. So hatte ich das große Glück, besonders starke Zeichen, die schamanische Schilde oder Glückssymbole genannt werden, zu entdecken.

Diesen Vorgang kann ich mit einfachen Worten erklären. Um ein solches Glückssymbol zu finden, muss ich mich in einen leichten Trancezustand versetzen und mich in einer Art Seelenreise zu einer Metawelt der Symbole aufmachen. Dort angekommen, gilt es genau das magische Zeichen zu entdecken, das der betreffende Mensch in seiner Situation so dringend braucht. Dieses Symbol wird dann auf ein wertvolles, mit schamanischer Kraft aufgeladenes Papier aufgezeichnet.

Die Menschen bitten aus ganz verschiedenen Gründen um ein solches Schutz- oder Glückssymbol. Alle Wünsche sind erlaubt, die einer Person helfen, ohne einer anderen zu schaden. Hier sind nur einige Beispiele aus der Vielzahl der Wünsche aufgeführt, zu deren Erfüllung diese magischen Zeichen beitragen können: Die Bitte um eine genügend große Wohnung für eine kinderreiche Familie, die Bitte um die harmonische Beilegung eines Familienkonfliktes, die Bitte die Trennung von einem Liebespartner zu verkraften, die Bitte eine Prüfung zu bestehen, die Bitte eine persönliche schlechte Eigenschaft zu überwinden, die Bitte um das Ende eines Erbschaftstreites, die Bitte um Harmonie am Arbeitsplatz, die Bitte um Schutz vor Mobbing … Diese kleine Auswahl zeigt, dass die Bandbreite der berechtigten Wünsche um Wohlergehen und Schutz das ganze menschliche Leben umfasst.

Was macht man nun mit einem solchen Symbol? Die Antwort ist einfach: Stellen Sie das für Sie persönlich gefundene Symbol in Ihrer Wohnung auf. Am besten an einem Bücherregal oder an einer Fensterbank. Sehen Sie dieses Symbol einmal am Tag eine Minute lang an. Dabei stellen Sie sich am besten einen Minutenwecker. Das Institut für Hochfrequenzfotografie in München hat diese Symbole untersucht und festgestellt, dass sie schon dann zu wirken beginnen, wenn sie nur eine Minute lang angesehen werden.

Es ist aber auch möglich, nicht nur für sich selbst, sondern für andere Menschen, z. B. für Ihre Kinder oder Ihren Lebenspartner, Symbole aufzustellen. Diese Zeichen wirken dann auch, ohne dass der Betreffende selbst das Symbol betrachtet. Wenn Sie Ihre Tochter unterstützen wollen und z. B. darum bitten, dass sie eine wichtige Prüfung besteht, genügt es, das Glückssymbol einfach aufzustellen und es wirken zu lassen. Wenn das Gewünschte erreicht ist, legen Sie das Symbol am besten in eine dunkle Schachtel, es kann Ihnen zu einem späteren Zeitpunkt noch einmal von Nutzen sein.

Denken Sie daran, dass Magie auch ihre Zeit braucht, um wirken zu können! Magie ist keine Hexerei aus dem Märchen, wo wir lesen, dass in null Komma nichts mit einem Knall aus einem Frosch ein Prinz wird. Es dauert eine kleine Weile, bis sich das Gewünschte materialisiert. Man könnte es auch so ausdrücken: Es braucht ein wenig Zeit, bis wir es selbst zulassen, dass das Gute in unser Leben kommt.

Schlechte und zerstörende Dinge wirken sofort, wie jeder Mensch aus eigener Erfahrung weiß. Ein jäher Wutausbruch zerstört Vertrauen, ein Schlag kann in einer Sekunde einen anderen Menschen verletzen oder gar töten, ein Fehler beim Fahren kann im Nu Menschenleben und Materie unwiderruflich schädigen. Die Heilung dagegen dauert, um beim Beispiel eines Verletzten im Straßenverkehr zu bleiben, oft Monate. Nun, so lange Zeit braucht es nicht, bis die Glückssymbole zu Schutz und Wohlergehen wirken können! Sie wirken auf ihre Art deutlich und sicher, solange die Wünsche der Betreffenden vernünftig und nicht völlig unrealistisch sind.

Die Glückssymbole sind keine eigene Erfindung der Autorin, die auf Wunschdenken und esoterischen Fantasien beruhen! Im Gegenteil, wenn Sie sich für Kunst interessieren, können Sie das selbst nachprüfen und Sie werden auf alten Gemälden, Fresken, figürlichen Darstellungen oder frühen Mosaiken ganz ähnliche Elemente entdecken. Das weist darauf hin, dass die alten Künstler wirklich noch in diese anderen Welten sehen konnten, um dort Symbole zum Schutz und Wohlergehen zu suchen und zu erkennen. Heute wie damals ist das nur ganz wenigen seherisch begabten Menschen möglich gewesen, daran hat sich nichts geändert. Wohl aber anders geworden ist das Bewusstsein der modernen Menschen, aus dem das Wissen um diese kraftvollen und mächtigen Zeichen schon fast verschwunden ist. Es scheint beinahe so, als hätten es die Entdeckungen der Moderne und die dadurch aufgetretene Beschleunigung der Zeit aus unserem Gesichtskreis verdrängt.

15
Der mystische Garten

Glücklich, wer einen Garten sein Eigen nennen kann. Es muss kein großer Garten sein, auch ein eher kleineres Terrain kann sehr erfreulich und vor allem mit weniger Arbeitsaufwand gestaltet werden. Wer immer Magie ausüben möchte, sollte dabei in seinen Garten gehen, denn die Natur verstärkt durch ihre eigene Kraft jede gute Absicht.

Schon auf die Stufen zum Hauseingang können Sie die Kräfte der Natur rufen. Die beschützenden Pflanzen, die Sie dort in Blumentöpfen aufstellen, wirken völlig unauffällig. Ein kleiner Buchsbaum, möglichst rund geschnitten, schirmt schädliche Energien ab und mindert sogar den Einfluss von unterirdischen Störzonen, wie Wasseradern, etwas ab. Duftende Pflanzen, wie Rosmarin oder Basilikum, vertreiben unangenehme Energien. Allein schon ihr Duft erfreut und stimmt heiter.

Viele Menschen sprechen mit ihren Pflanzen. Man mag das belächeln, aber schon vor über zwanzig Jahren wurde nachgewiesen, dass Pflanzen sehr sensibel auf Menschen und deren Absichten und Worte reagieren. Im selben Versuch wurde bewiesen, dass alle Pflanzen intensiv auf Musik reagieren. Um dieses Experiment durchzuführen, wurden an die Blätter verschiedener Pflanzen Elektroden angeschlossen, die die elektrischen Ströme in den Blättern messen sollten. Zur großen Verwunderung der forschenden Biologen und Physiker zeigten die Pflanzen auch extreme Ausschläge, als sich ihnen eine Person mit einem Messer näherte, die die Absicht hatte, ein Blatt abzuschneiden. Den Wissenschaftlern war es sogar möglich, die Töne zu messen, die die so bedrohte Pflanze von sich gab! Alle untersuchten Gewächse reagierten besonders gut auf klassische Musik, vor allem auf die Stücke Mozarts. Sie wuchsen auch schneller und üppiger, wenn sie von der Musik Mozarts umgeben waren.

Bei Rock- oder anderer fetziger Musik zeigten die Pflanzen Anzeichen von großem Stress, d. h. es ergaben sich starke, zackige und unruhige Ausschläge an den Meßinstrumenten. Wurden die Versuche mit derartiger Musik über einen längeren Zeitraum weitergeführt, so erkrankten die Pflanzen, sie wurden müde und welk, die Blätter fielen aus und die Pflanzen verkümmerten allmählich.

Es gibt offensichtlich auch Personen, die eine Ausstrahlung haben, die für Pflanzen unverträglich ist. Sie tun alles, was man nur für eine Pflanze tun kann und sorgen dafür, dass sie genügend gegossen und gedüngt wird und dass der Standort stimmt. Trotz all dieser Maßnahmen kränkelt eine Pflanze nach der anderen und geht schließlich ein. Es ist also ganz und gar nicht abwegig, sich um eine gute Beziehung zu seinen Pflanzen zu bemühen.

Manchen Menschen sagt man nach, dass sie einen »grünen Daumen« haben, was nichts anderes meint, als dass unter ihrer Fürsorge alle Gewächse besonders gut gedeihen. Solchen Menschen kann man eine kümmerliche Topfpflanze zur Pflege geben und in wenigen Wochen ist daraus ein üppiges gesundes Gewächs geworden. Vielleicht liegt es vor allem daran, dass diese Menschen mit ihren Pflanzen sprechen.

Und so gebe ich die Erfolgsrezepte einiger glücklicher Menschen weiter, die diesen grünen Daumen besitzen. Rosen sind wie schöne Frauen, sie wollen bewundert und verehrt werden. Eine Gärtnerin aus Asien verriet mir, dass sie immer ein Räucherstäbchen oder ein Weihrauchkegelchen abbrennt, wenn sie zum ersten Mal eine Rose einpflanzt. Sie legt das Räucherwerk direkt neben den Rosenstock auf die Erde. Ihrer Meinung nach regt das die Pflanze zum Blühen und Gedeihen an.

Schon im Zeitalter des Barock und Rokoko kombinierte man Natur und Kunst. In den schönen Barockgärten vieler Schlösser stehen zwischen wunderbar angeordneten Blumen, die in symmetrischen Mustern angepflanzt sind, Steinfiguren. Die Bedeutung der Figuren hat immer einen tieferen Sinn, eine Bedeutung, die eng mit der Natur verbunden ist. So werden häufig die Allegorien der vier Jahreszeiten dargestellt, oder wir finden die personifizierten Bilder von Flüssen, wie »Vater

Rhein« und »Mutter Mosel«, auch der griechische Wald- und Hirtengott Pan und Neptun mitsamt seinen Tritonen und Nixen finden dort ihren guten Platz. Im berühmten Schlossgarten von Veitshöchheim tummeln sich die Figuren von Zwergen und Zwerginnen, ähnliche Gestalten sind auch im Schlosspark Mirabell in Salzburg und vielen anderen Barockgärten zu sehen.

Besonders schön ist es, wenn diese in die Natur hineingestellten Kunstwerke wieder langsam von der Natur zurückerobert werden: Zwischen den Ziegenhörnern des Gottes Pan hat sich dann ein wenig Moos breitgemacht und einige Flechten haben sich im Bart von Vater Rhein angesiedelt. Erst dann passen Natur und Kunst so richtig zusammen, sie beleben sich gleichsam gegenseitig und strahlen Heiterkeit, Melancholie und Romantik aus. Und das ist genau das, was einen romantischen und geheimnisvollen Garten ausmacht!

Die wenigsten von uns haben die Möglichkeiten, solch einen mysteriösen Garten anzulegen. Es muss aber nicht gerade ein Schlossgarten sein, den wir als unser magisches Refugium einrichten. In jedem Garten oder Gärtchen gibt es Platz für eine Art von kleinem Gartenaltar. Und die Mode der Zeit kommt uns dabei entgegen; in Gartencentern finden wir eine reiche Auswahl der fabelhaftesten Dekorationen. Kleinere Gartenfiguren, den barocken Gestalten von Frühling, Sommer, Herbst und Winter nachempfunden, stehen dort zur Auswahl. Neuerdings gibt es sogar die lustigen Ebenbilder von Gnomen und Elfen zu kaufen. Eine einzelne passende Figur ist ausreichend für einen normal großen Garten! Denken Sie daran, dass zu viele dieser künstlichen Gestalten lächerlich wirken und den stimmungsvollen Eindruck eines Gartens zunichte machen. Besonders hässlich sind billige Plastikwesen, deren grelle und aufdringliche Farben in einem störenden Kontrast zum natürlichen Grün stehen.

Ein kleiner Garten-»Altar« wird erst schön durch einen Opferstein oder eine Opferschale, die Sie dort aufstellen. Nehmen Sie dazu eine Schale aus Ton oder einen muldenförmigen Stein, in den Sie etwas hineinlegen können. Die Schale kann mit frischem Wasser gefüllt sein und nebenbei als Vogeltränke dienen. Wechseln Sie das Wasser mindestens alle zwei Tage, denn brackiges und trübes Wasser verdirbt den Eindruck, den ein stimmungsvoller Garten haben sollte. An den Rand der Schale können Sie frische Blumen oder Gräser legen, je nach Jahreszeit ergibt das stets einen anderen Eindruck. Im Winter füllen Sie statt Wasser Kieselsteine hinein und dekorieren mit Tannenzapfen oder trockenen Ästen. Im Herbst ist es ein rotbackiger Apfel und ein Sträußchen Hagebutten.

Eine andere schöne Möglichkeit, Ihrem Garten ein gewisses geheimnisvolles Flair zu geben, sind die vielen geschmackvollen Tierfiguren, die heutzutage angeboten werden. Viele der Tiergestalten sind mit antiken Göttinnen und Göttern verbunden und stehen für deren besondere Eigenschaften. So gehört die allbekannte Eule zur griechischen Göttin Athene und ist mit Weisheit verbunden, der Schwan lässt an den Göttervater Zeus denken, der sich in dieser Gestalt seiner Geliebten näherte. Ob Sie nun eine Ente, oder die berühmten »pink flamingos«, die rosa Flamingos, die in keinem amerikanischen Garten fehlen dürfen, bevorzugen, bleibt Ihrem Geschmack überlassen. Diese beiden Flamingos fördern übrigens das erotische Glück eines Paares, daher sollten sie immer so aufgestellt werden, dass die Köpfe einander zugewandt sind.

Sie können eine Gartenfigur, ob es sich um eine Person oder um ein Tier handelt, damit beauftragen, Ihren Garten und Ihr Haus zu schützen. An prominenter Stelle angebracht und mit frischem Wasser oder Blumen dekoriert, wirken diese Statuen höchst eindrucksvoll und geben dem Garten einen besondern Zauber.

Seit Jahren sind bei uns die früher als altmodisch angesehenen Gartenkugeln beliebt. Diese Mode kam aus England zu uns, und so sehen wir auch in unseren Gärten im Sommer die bunten Glaskugeln auf Stöcken, die die ganze Gartenwelt widerspiegeln. Besonders hübsch sind sie, wenn sie zwischen blühenden Rosenbüschen stehen. Mittlerweile werden diese Gartenkugeln auch in glasiertem Ton angeboten, dieses Material nimmt ihnen allerdings einen großen Teil ihrer Wirksamkeit. Für ihren eigentlichen Zweck ist es nämlich wichtig, dass sie aus spiegelndem Glas sind. In den englischen Gärten waren vor allem im Eingangsbereich und Vorgärten große silberne Gartenkugeln aufgestellt. Und das hatte auch seinen Grund, denn Silber hat die gleiche Farbe wie der Mond und die Sterne, daher spiegeln silberne Kugeln in der Nacht die

Strahlen von Mond und Sternen zurück und sind damit auch ein guter Schutz gegen böse Mächte. Silber wirkt immer wie ein Spiegel, der Negatives zurückspiegelt und dadurch das Haus schützt.

Englische Gärtner betonen auch, wie angenehm es sei, im Garten zu sitzen und die Sinne schweifen zu lassen: Ein Blick, der nach einer solchen gedanklichen Entspannungspause in eine silberne Gartenkugel fällt, ist sogar in der Lage, blitzartig einen besonderen Aspekt der Zukunft zu erkennen. Sie können sich zu diesem Zweck eine silberne Gartenkugel direkt neben Ihrem Lieblingsplatz aufstellen.

Von besonderer Bedeutung sind natürlich die Pflanzen, die einen Garten bewohnen. Und nicht nur die Pflanzen, die der Gartenliebhaber selbst pflanzt, sind wichtig, sondern es lohnt sich auch einmal einen Blick darauf zu werfen, welche Pflanzen sich ganz von selbst in Ihrem Garten ansiedeln wollen. Diese Pflanzen, die sich förmlich zu Ihnen hin drängen, haben eine ganz besondere Botschaft für Sie!

So zeigte sich in meinem Garten plötzlich ein großer Kreis von Pilzen, der in Bayern auch Feen- oder Hexenring genannt wird. Der Kreis hatte einen Durchmesser von etwa 140 Zentimeter und war vollkommen rund. Kaum einer konnte glauben, dass er auf ganz natürliche Art entstanden war!

Auch Holunderbüsche, auch Holler genannt, die der Göttin Frau Holda oder Frau Holle zugeordnet sind, drängen sich in meinen Garten hinein. In den Alpenländern glaubte man früher, dass der Bauer vor einem Holunderstrauch den Hut ziehen und den Strauch ehrfurchtsvoll grüßen müsse. Das ist auch verständlich, denn der Holunder ist mit all seinen Teilen eine wunderbare Heil- und Arzneipflanze. Die Blüten helfen als Tee gegen Fieber und Erkältungen. In ein wenig Alkohol und Quellwasser angesetzt, ergeben sie ein wunderbares Gesichtswasser, das den Teint hell und klar wirken lässt. Das Mark der Zweige beruhigt den Magen, wenn man es kaut oder in kleinen Stückchen schluckt, und die dunklen, tiefvioletten Fruchtdolden stärken die Abwehrkraft und wirken blutbildend.

Sie brauchen nicht mehr wie früher den Hut vor einem Holerbusch zu ziehen, aber haben Sie schon einmal daran gedacht, sich bei einer Pflanze zu bedanken, weil sie so schön blüht. Oder einfach, weil sie da ist und einen Weg zu Ihnen und in Ihren Garten gefunden hat?

An einem ganz besonderen Platz hat sich Circea lutentiana angesiedelt. Diese geheimnisvolle Pflanze, die nach der antiken Zauberin Circe benannt ist, hat eine umwerfende Kraft: Sie macht unwiderstehlich! Der griechische Held Odysseus kam während seiner langen Irrfahrten mit seinem Schiff bei Circe vorbei. Die schöne Zauberin verwandelte die Männer in Schweine (welch ein Bild) und »becircte« sie so, dass sie sich kaum von ihr lösen konnten. Erst durch eine List des Odysseus gelang es ihnen, von dieser unwiderstehlichen Zauberin loszukommen.

Die Wunderbare Medaille zeigt das
Bild der Gottesmutter, aus deren Händen
ie Strahlen der Gnaden fließen.

Die Rückseite der Wunderbaren
Medaille mit dem Muster aus
völf Sternen, zwei Herzen und dem
uchstaben M für Maria.

10 Eine moderne Amulettkette aus Obsidian und Kristallen mit einer Medaille und dem Hammer des Thor.

11 Dieses Glückssymbol hilft bei chronischem Geldmangel.

2 Der Löwen-
nensch wurde
n der Vogelherd-
höhle auf der
Schwäbischen
Alb gefunden
und ist heute
m Museum von
Ulm zu sehen.

13 So sieht eine Jerichorose in getrocknetem Zustand aus. Sie hält sich jahrelang, bis sie mit Wasser in Berührung kommt.

14 Die geöffnete Jerichorose ist grün und breitet ihre Zweige aus, so lange sie mit Feuchtigkeit versorgt wird

Auch ein Haselstrauch findet sich und eine Weide. All das sind seit alters her wichtige Heil- und Zauberpflanzen. Aus einem Haselzweig lassen sich Zauberstäbe anfertigen und auch beim Wandern soll ein Stock aus Haselholz den Wanderer vor Stürzen und Fehltritten schützen. In der Weide findet sich eine der ältesten Medizinen der Welt, die Salizylsäure. Sie wirkt entzündungshemmend und schmerzstillend. Aus diesem Grund trugen Bauersleute oft ein paar fingerlange Stückchen Weidenrinde in ihrer Hosentasche, sie blieben dann vor Kopfschmerzen verschont. Heute müssen Sie keine Weidenrinde mehr bei sich tragen, denn der Wirkstoff der Weide ist unter dem bekannten Namen Aspirin verkäuflich!

In England, Irland, Schottland und Island ist der Glaube an Elfen und Gnome besonders stark, auch heute noch! Elfenwege, d. h. Wege, die von Elfen des Nachts benutzt werden, dürfen nicht überbaut werden, damit den nächtlichen Wanderungen der Elfen nichts im Wege steht. Um deren Passage möglichst ungestört zu lassen, sind bei Häusern, die an einem solchen Weg stehen, die störenden Kanten ausgespart. An irischen Straßen stehen auch heute noch Schilder, die davor warnen, dass Leprechauns (Gnomen) bei Nacht die Straße kreuzen könnten.

Elfen und Zwerge sind dem Menschen nicht immer wohlgesonnen, und so ersannen die Menschen dieser Länder Mittel und Möglichkeiten, ihren Garten vor missgünstigen Elfen zu schützen.

Sie zeichneten mit dem Finger ein Schutzzeichen in die Erde und sorgten dafür, dass es alle drei Wochen erneuert wurde. Elfen konnten, wenn sie verärgert waren, das Wachstum von Pflanzen behindern und den Garten trotz vieler Mühe der Gärtner am Gedeihen hindern.

Wir lächeln beim Gedanken daran, dass heute noch jemand im Ernst daran glauben könne, es gäbe tatsächlich so etwas wie Elfen oder Zwerge. In der Tat ist das zumindest in drei europäischen Ländern noch ganz offiziell der Fall. In Irland, England und vor allem in Island. In England achteten und achten die Bauherren darauf, dass Häuser nicht auf so genannten Elfenwegen stehen. Und so kommt es, dass bei manchen Häusern auf dem Lande eine der unteren Kanten leicht konkav ausgespart ist, damit die Elfen ungehindert passsieren können.

In Island ist der Glaube an Trolle und Unsichtbare sogar noch lebendiger. So berichtete ein Artikel in der »Süddeutschen Zeitung« ganz ernsthaft vom »Geist von Reykjavik«. Fünfzig Prozent der Bevölkerung glauben an die Existenz dieser unsichtbaren Wesen, darunter sind auch Angestellte des Straßenbauamtes. Bevor eine Straße geplant wird, befragen sie einen der so genannten Elfenberater. Das sind Menschen, die in der Lage sind, diese Wesen zu sehen und mit ihnen Kontakt halten und sprechen können. Vor einem Straßenbau werden dann die dort wohnenden Elfen befragt, welche Straßenführung möglich ist, um ihr Wohngebiet nicht zu durchschneiden. Notfalls wird der Straßenverlauf verlegt, um die

Elfenwohnungen unbehelligt zu lassen. Es ist auch schon vorgekommen, dass eine Fahrstraße, an der sich an einer Stelle Unfälle häuften, ein Stückchen seitlich verschoben wurde, nachdem Elfenberater festgestellt hatten, sie würde einen Elfenplatz tangieren. Unfälle seien seitdem nicht mehr vorgekommen, heißt es. Es scheint also gar nicht so abwegig zu sein, auf Elfen, Trolle und Gnome, unsere unsichtbaren Mitbewohner der Natur, ein wenig Rücksicht zu nehmen.

Gegen Diebe helfen, nach englischem Glauben, stachlige oder stark riechende Pflanzen wie Kümmel, Knoblauch, Disteln, Wacholder, Eisenkraut und Kakteen. Sie sollen zu diesem Zweck um das Haus herum und besonders neben den Türen angepflanzt werden.

Besonderes Glück bringt der Strauch einer Heckenrose am Eingangstor. Er erfreut mit seinen wunderschönen Blüten, die sogar mehrmals im Jahr blühen, die Hausbewohner und sorgt für eine liebevolle, fröhliche Atmosphäre im Haus. Seine Stacheln wehren auch symbolisch missgünstige Personen ab und die prallen Hagebutten leuchten mit ihrer sattroten Farbe in das Grau des Winters hinein. Und nicht zuletzt kann man aus den Früchten vitaminreichen Tee oder Marmelade kochen.

Eine andere Möglichkeit, das Gedeihen und Blühen seines Gartens zu sichern, ist, mit Kreide ein entsprechendes Zeichen zu malen. Ein guter Platz dafür ist die Gartenmauer, die dem Garten zugewandte Hausseite oder eine Steinplatte des

Gartenweges. In Irland sagt man, dass der Garten dadurch vor negativen Energien, starken Unwettern und verheerenden Winden geschützt wird und, dass die Verbindung von Mensch und Natur dadurch gefördert wird. So dass beide – Gärtner und Garten – voneinander profitieren.

Wasser im Garten ist immer mit Leben, Heiterkeit und Wohlstand verbunden. Um wirklich Heiterkeit und Wohlstand in den Garten und zu seinen Besitzern zu bringen, sollte das Wasser aber in Bewegung sein. Ein Teich, der dumpf vor sich hin modert, ist mit Sicherheit nicht dazu geeignet. Am besten ist es, einen kleinen Springbrunnen zu installieren. Mit Solarzellen ist das gut und umweltfreundlich möglich. Über den Standort von Springbrunnen und Teichen im Garten gibt es die verschiedensten Theorien. In der linken (südwestlichen) Ecke des Gartens soll er nach chinesischem Glauben Wohlstand und Reichtum heranziehen. Ebenso glauben die Chinesen, dass ein Wasserteich auf der rechten Seite des Hauseingangs für eine glückliche Ehe der Bewohner sorgt, wohingegen ein Teich auf der linken Seite zu Streit und Trennung führt.

In China gibt es eine ganz spezielle Richtung der Magie, die sich nur mit der Anordnung von Wasserläufen und Drainagen beschäftigt, das so genannte »Wasser-Feng-Shui«. Es geht dabei darum, sich die positiven Energien von Bächen und Flüssen zu Nutze zu machen und Teiche, Wasserfälle und Quellen künstlich nachzubauen, um Wohlstand heranzuziehen. Auch die Anlage der in Gebieten mit Monsunzeit so wichtigen Wassergräben, in denen das Regenwasser abfließen kann, wird dabei besonders berücksichtigt.

Ich denke jedoch nicht, dass wir allzu abergläubisch sein sollten, was unsere Springbrunnen betrifft. Sie bringen uns in allererster Linie Freude und in den Garten Leben, daher ist der beste Standort der, an dem wir sie auch sehen können. In England habe ich erlebt, wie aus einer kleinen Quelle im Garten eine »Wishing Well«, eine Wunschquelle gemacht wurde. Die Hausfrau ging immer in den Garten, wenn sie einen besonderen Wunsch hatte. Sie setzte sich neben die Quelle und warf einen Kupferpenny hinein. Im Laufe der Jahre war der Boden des kleinen Steinbassins von glitzernden Münzen bedeckt. Auch Freunde und Besucher des Hauses benutzten mit der Zeit diese Quelle, um ihre Wünsche erfüllt zu bekommen. Und es schien tatsächlich so, als ob es der Quellnymphe tatsächlich einige Freude bereitete, diese Wünsche zu erfüllen.

Mit etwas Geschick können auch Sie sich eine solche Wunschquelle im Garten installieren. Ob es nun ein Springbrunnen aus der Gartenabteilung eines Baumarktes ist, in den Sie Ihre erste glänzende Münze werfen, oder ein gebohrter Stein, aus dem das Wasser sprudelt – bedanken Sie sich stets mit etwas Glitzerndem, das Sie ins Wasser werfen: ein Stückchen Bergkristall oder ein alter Silberring. Sie haben sicher etwas im Haus, das der Quellnymphe gefällt. Sie wird Ihnen dann gerne den einen oder anderen Wunsch möglich machen.

In England gibt es den Brauch, neun magische Schritte von der Wasserquelle oder dem Springbrunnen entfernt ein hölzernes Rad aufzustellen und mit Zaunwinden zu bepflanzen. Deren Blüten öffnen sich beim Licht des Morgens und schließen sich in der Dämmerung. Ihre leuchtenden Farben bringen Glück für den Garten, das Haus und die Bewohner!

Ein großes Problem, sei es nun durch missgünstige Elfen verursacht oder nicht, sind in jedem Garten die lästigen Insekten. Eine nette Methode, sie ohne Umweltgifte loszuwerden, habe ich in England erfahren. Man schreibt einen Brief an die Insekten und fordert sie auf, den Garten schnell und endgültig zu verlassen. Falls sie dem nicht Folge leisten, würden sie mit Pestiziden vertrieben. Diesen Zettel legt man in der Dämmerung auf einen größeren unbehauenen Stein (auf gar keinen Fall auf einen Ziegelstein!). Die Insekten kommen alsbald zum Stein, lesen die Botschaft, fressen sie auf – und verschwinden. Warum auch immer diese Methode wirkt, sei dahingestellt, sicher ist, dass sie schon viele Gärtner mit Erfolg angewandt haben.

Auch Marienkäfer sind nützliche Helfer bei der Vertilgung von Insekten. Ihnen schmecken z. B. Läuse besonders gut! Warum nicht ein paar Marienkäfer im Garten aussetzen und doppelten Gewinn davon haben: Einen Marienkäfer zu sehen und ihn auf seiner Hand herumkrabbeln zu lassen, bringt immer Glück, das wissen bei uns schon die kleinen Kinder. Einen Marienkäfer zu töten bringt dagegen Unglück.

Neben den unliebsamen Insekten ist das Unkraut eine weitere Quelle von Arbeit und Ärger für den Gärtner. Wenn Sie es am Neumondstag vor dem 21. Juni jäten, dann wächst es nicht so schnell wieder nach oder verschwindet ganz.

Beim Umpflanzen eines Baumes, eines Busches oder einer anderen Pflanze sollten Sie immer darauf achten, dass die Pflanze genau mit der Seite nach Osten sieht, mit der sie auch am alten Platz nach Osten geblickt hat. Pflanzen erleben intensiver als wir, wie die Bahn der Sonne verläuft, und Sie machen es ihr leichter, den Platzwechsel zu verkraften, wenn sie immer mit derselben Seite die Sonne am Morgen begrüßen kann. Das Umsetzen immer bei zunehmendem Mond vornehmen! Die Pflanze sollte am neuen Platz täglich immer pünktlich um 12 Uhr gegossen werden, so lange bis der erste Regen einsetzt.

Kennen Sie das Gefühl, mit dem Auto durch eine Siedlung zu fahren, und plötzlich kommen ein paar Bäume, von deren Äste dichte grüne Vorhänge von wilder Clematis herabhängen. Überall bei uns gibt es solche »wilden« Ecken. Wenn Sie an so einem Platz vorbeikommen, dann wissen Sie genau, dass sich hier das kleine Volk ein Refugium geschaffen hat, in dem es ungestört durch Menschen wohnen kann. Nehmen Sie dieses Zeichen ernst und betreten Sie dieses Gebiet nicht. Bereiten Sie auch in Ihrem Garten den Elfen eine Ecke, an der sie ungestört bleiben können: Lassen Sie eine kleine Ecke unbebaut und wild, ohne, dass ein knatternder Rasenmäher sich dorthin verirrt. Die Elfen werden es Ihnen danken.

16

Die Magie von Tieren und Pflanzen

Menschen, die auf irgendeine Art und Weise Magie betreiben, haben immer (!) eine natürliche gute Beziehung zu Tieren. Denken Sie nur an die schwarze Katze, die auf der Schulter der alten Hexe sitzt, oder an den Raben, der den Zauberer Merlin begleitete. Tiere und Tiersymbole sind in religiöse und magische Systeme und in Legenden integriert. Einige werden als gut und andere als böse und unheilbringend betrachtet.

Aber auch ohne jeden magischen Hintergrund sagt uns die Wissenschaft, dass Haustiere dem Menschen gut tun und sogar ihren Beitrag zu seiner Gesundheit leisten. Wir denken hierbei sofort an Hund und Katze, die klassischen Haustiere in den Wohnungen und Häusern, gefolgt von Meerschweinchen und Vögeln. Mensch und Tier verstehen sich gut und zwischen ihnen besteht eine seelische Verbindung, gleichgültig, ob es sich um ein Haustier handelt oder um Vögel, denen wir im Garten Wasser und Körner bereitstellen. Dabei vergessen wir oft, dass auch Haustiere näher an der Natur dran sind, als wir vermuten. Sie leben und folgen ihren Instinkten wie Jagen oder Nestbauen und sind dem Lauf der Sonne stärker unterworfen als der zivilisierte Mensch.

Viele Geschichten werden über die enge Beziehung von Haustieren und Menschen erzählt. Ausgesetzte, verkaufte oder gestohlene Tiere kamen nach Wochen erschöpft und nach einer Wanderung von vielen hundert Kilometern zu ihren ursprünglichen Besitzern zurück. Auch der Hund, der am Grab seines Herrchens wacht, ist ein Topos in diesen Erzählungen. Haustiere geben uns das Gefühl, dass ein verstehendes Wesen bei uns ist, das unsere Gefühle und Stimmungen sehr wohl wahrnimmt. Ihre Sinne sind viel feiner als die der Menschen, und so können sie uns vor bevorstehendem Unheil warnen. Tiere reagieren im Voraus sowohl auf starke Wetterveränderungen oder Naturkatastrophen als auch auf unausgeglichene Personen viel schneller, als wir Menschen das können.

Aus diesem Grund sind Haustiere nicht zuletzt auch Wesen, die uns beschützen können, und oftmals nehmen sie an unserer Stelle etwas auf sich, um uns davor zu bewaren, z. B. einen Angriff missgünstiger Personen. Mir erzählte eine bayerische Heilerin, die in ihrem Garten mehrere Kaninchen hielt, dass tatsächlich zweimal eines ihrer Kaninchen für sie gestorben wäre. Beide Male handelte es sich um Hass, Neid und Groll, der in Folge einer hässlichen gerichtlichen Auseinandersetzung auf sie gerichtet wurde. Jedes Mal, wenn sie von der Verhandlung nach Hause kam, lag ein totes Kaninchen vor ihrer Haustüre. Die medial begabte Frau nahm Kontakt zu den Tieren auf und erfuhr, dass die Tiere, die viele Jahre unter ihrem Schutz frei im Garten gelebt hatten, ganz bewusst die negativen Energien auf sich genommen hätten, um sie zu schützen.

Aber auch wir Menschen wollen unsere Tiere schützen. In früheren Zeiten hängte man Pferden und Kühen ein Zaumzeug oder ein Halsband mit Glöckchen oder silbernen Scheiben um. Die Glocken sollten das Böse vertreiben und die Scheiben das Negative abwehren und zurückspiegeln. Noch heute hängen viele Bauern ihren Kühen große Glocken um den Hals, wenn sie auf der Weide sind. Aber für kleinere Haustieren gibt es Halsbänder mit Glöckchen. Eine gute Methode zum Schutz der Tiere besteht darin, um den Käfig oder Schlafplatz des Haustieres eine weiße Wollschnur herumzulegen, in der neun Knoten sein sollen. Das Tier wird dadurch mit seinem Platz verbunden und kehrt immer wieder gerne dahin zurück.

In England glaubt man, dass ein kleines Halsband aus winzigen Schneckenhäusern oder Muscheln Hunde und Katzen vor dem bösen Blick schützt. Wenn Sie ein neues Haustier bekommen und das Tier das erste Mal Ihre Wohnung betritt, halten Sie ihm einen Spiegel vor, dann wird es sich hier bei Ihnen immer wohl fühlen und gerne bleiben. Einer neuen Katze gibt man am Freitagmorgen um Punkt neun Uhr eine kleine Prise Zucker auf die Zunge, um sie ans Haus zu binden und zu schützen. Wenn das Tier dann wirklich einmal davongelaufen ist und wieder gefunden wird, heben Sie es hoch und schwingen es sanft dreimal durch die Luft, dann bleibt es daheim und läuft nicht wieder weg. Um einen Hund vom Streunen abzuhalten, legt man einige Haare von seinem Schwanz unter den Türvorleger beim Hauseingang. In England empfiehlt man auch ein Stück Käse im Schuhabsatz des Frauchens oder Herrchens zu verstecken, um den Hund am Fortlaufen zu hindern.

Wenn das Tier einmal krank und möglicherweise verhext ist, raten schottische Heiler dazu, einen Kreis aus Salz um das Tier zu ziehen, und zwar gegen den Uhrzeigersinn. Das Tier wird gesund, wenn der Kreis vollendet werden konnte, ohne dass es hinausgesprungen ist. Früher hatten die Menschen Angst, ihre Tiere, die ein kostbarer Besitz waren, könnten durch böse Zaubersprüche verhext und dadurch krank werden. Eine andere Methode gegen die gefürchtete Verhexung war, das Tier dazuzubringen, sich dreimal gegen den Uhrzeigersinn im Kreis herum zu bewegen. Und wenn es das zustande gebracht hatte, war der böse Zauber unwirksam.

Nehmen Sie ein paar Haare, Federn oder Borsten Ihres Tieres und legen Sie sie mit etwas Rosmarin in eine kleine Schachtel. Verschließen Sie die Schachtel und binden Sie sie mit einer weißen Schnur mit neun Knoten zu. Vergraben Sie die Schachtel möglichst nahe am Haus – ein Blumentopf tut's auch. Dieses Ritual schützt ihr Tier vor Dieben und Tierfängern.

Früher schrieb man Tieren magische Kräfte zu und tötete sie um bestimmter Teile willen. Den Zähnen des Ebers sagte man nach, dass sie Kraft und Stärke bringen, die Hasenpfote brachte Glück, eine Kröte stärkte die magischen Fähigkeiten. Viele Amulette, die die Menschen des Mittelalters schützen sollten, waren aus Bestandteilen von Tieren gemacht. Leider mussten die Tiere dafür unfreiwillig ihr Leben lassen. So galten die Federn einiger Vögel als besonders heilig, man glaubte, sie seien so mächtig, dass damit Krankheiten oder Albträume vertrieben werden könnten.

Es ist aber unsinnig, ein Tier zu töten, um dann einen magischen Teil von ihm zu erhalten. Die besten Federn für diese Zwecke sind immer noch die, die auf natürliche Weise herausgefallen sind und die wir unterwegs selbst finden.

Tiere wurden und werden aber auch für divinatorische Zwecke verwendet und getötet – damals wie heute. Im früheren Siedlungsgebiet der Etrusker im antiken Italien bei der Stadt Piacenza wurde das bronzene Modell einer Schafsleber gefunden. Auf der Scheibe ist eingraviert, welche Bedeutung die einzelnen Zonen des Organs für Wahrsagerei haben. Diese Methoden waren damals in der gesamten antiken Welt vom Zweistromland bis nach Spanien hin sehr verbreitet. In bestimmten Priesterschulen wurde diese Kunst der Zukunftsschau gelehrt, und nur wenige Priester durften diesen angesehenen Beruf ausüben. In der heutigen zivilisierten Welt gehören solche Bräuche Gott sei Dank weitgehend der Vergangenheit an.

In Südamerika haben sich bei verschiedenen ethnologischen Gruppierungen noch bis in unsere Tage hinein ähnliche Sitten erhalten. Dort brechen noch heute Zauberer die Körper von lebenden Meerschweinchen auf, um aus ihren Eingeweiden Auskünfte einzuholen und um die Zukunft zu interpretieren. Solche Praktiken bringen sicher weder Glück noch Segen.

Die beste Magie für uns ist sicherlich, sich mit unseren Tieren in Liebe und Freundschaft zu verbinden, dann gehen die guten Vibrationen zwischen beiden ungehindert hin und her. Die Tiere bringen ihre Fähigkeiten und Kräfte freiwillig und gerne mitten in die Familie und in unseren magischen Haushalt hinein.

Tiere und ihre Magie haben die Menschheit schon immer beschäftigt, viele frühzeitliche und antike Darstellungen zeugen davon. Die Menschen der damaligen Zeit hatten großen Respekt vor den Tieren und obwohl sie auf die Jagd gehen mussten, um sich das notwendige Fleisch zu beschaffen, taten sie das mit Hochachtung. Davon zeugen die großartigen Tierdarstellungen, die Zeugnisse der frühgeschichtlichen Höhlenmalereien, die vor allem in Frankreich und Spanien zu finden sind. Mit großem künstlerischen Talent sind dort feinfühlig die Bilder von Bisons, Mammuts, Pferden, Löwen und anderen Tieren zu Hunderten auf die Felswände gemalt.

Sie wünschten sich offensichtlich, selbst die guten Eigenschaften und Fähigkeiten dieser Tiere zu haben. Und so entstanden in der Frühzeit geheimnisvolle Darstellungen, die Mensch und Tier vereinten. Eine der allerbekanntesten ist die riesige Darstellung der Sphinx bei der Cheopspyramide in Ägypten, die ein Wesen mit menschlichem Gesicht und dem Körper eines Löwen zeigt. Aber auch in Europa gibt es zahlreiche Zeugnisse dieser mystischen Vereinigung mit dem Tier. So fand man in der Nähe von Ulm im schwäbischen Jura die Statuette eines Menschen mit einem Löwenkopf.

In der Geschichte der Menschheit gab und gibt es von alters her Zeugnisse von der engen Verbundenheit von Mensch und Tier. Diese Verbundenheit hat bis in die heutige Zeit hinein Bestand. Beobachten Sie nur einmal die unzähligen Nachbildungen von Tieren, ob es sich nun um Stofftiere (ja, auch diese zeugen von der Verbundenheit!) oder um die beliebten kleinen Figürchen von Eulen, Nilpferden, Elefanten oder Schildkröten aus Halbedelsteinen oder Plastik handelt. Sie unterscheiden sich nur durch das Material von ihren jahrtausendealten Gefährten, die bei Ausgrabungen gefunden wurden. So kann der moderne Mensch sich sein Lieblingstier aus dieser Vielzahl auswählen und sich damit der guten Eigenschaften dieses Tieres versichern. Falls Sie sich kein Haustier leisten können, weil Sie z. B. zu viel unterwegs und auf Reisen sind, die ein paar Zentimeter große Figur eines Delphins aus Lapislazuli oder einer Eule aus Jaspis kann Sie überall hin begleiten. Da Delphine Intelligenz, Heiterkeit und Hilfsbereitschaft verkörpern, haben Sie diese Eigenschaften sinnbildlich immer bei sich. Die Eule steht für Weisheit und Stille. So ein Tierchen kann ein echter Glücksbringer sein und

Sie an die guten Eigenschaften und an den Schutz der Tiere erinnern. Auf den Schreibtisch gestellt, kann ein Nilpferd Sie daran denken lassen, immer Gleichmut zu bewahren, wie hektisch der Tag auch scheinen mag. Eine kleine Katze steht für spielerische Entspannung zwischendurch und erinnert Sie daran, sich ein paar Mal zu recken und zu dehnen. Die Schildkröte gibt Ihnen das Beispiel von Gelassenheit, von ihrem Panzer prallen alle Angriffe ab, als hätten sie nie stattgefunden. Finden Sie Ihr eigenes, persönliches Tiertotem heraus und integrieren Sie es in Ihre Wohnung! Sie werden dann eine ganz besondere innere Beziehung zu Ihrem speziellen Tier und seinen guten Eigenschaften aufbauen.

Tierliebe hat aber auch oder gerade im magischen Haushalt ihre Grenzen: Insekten und Ungeziefer gehören nicht ins Haus! Auch das hat neben der allgemeinen Sauberkeit und Hygiene eine höchst magische Bedeutung: Wenn die alten Heiler in einen kranken Körper hineinsahen, erblickten sie darin an bestimmten Stellen Insekten. Dadurch wussten sie, dass dieser Mensch ernsthaft erkrankt war, denn in ihrer Bildsprache symbolisierten Insekten so etwas wie Krankheitserreger. Und in gewisser Weise haben sie Recht damit gehabt, denn sehen nicht Viren, Bakterien oder Pilze unter dem Mikroskop genauso aus wie winzige Insekten? Ganz abgesehen davon, dass wir heute wissen, dass tatsächlich Krankheiten durch Ungeziefer übertragen werden können. Ein besonderes Warnsignal ist es, wenn eine Spinne sich im Haus befindet. (Außerhalb des Hauses ist ihre Anwesenheit ganz anders zu bewerten.) Hier zeigt sich meistens die starke böse

Absicht eines anderen Menschen und es gibt nur ein Mittel dagegen: Entfernen Sie die Spinne so schnell wie möglich und rigoros aus dem Haus!

Pflanzen im Haus haben nur zwei Möglichkeiten, entweder sie wachsen und gedeihen, weil der Standort und die Pflege ihnen bekommt, oder sie fristen ein kümmerliches Dasein. Wenn Sie sich schon Pflanzen im Haus halten, dann sollen diese auch Kraft und Gesundheit ausstrahlen und nicht ein elendes Bild abgeben. Auch Pflanzen sind lebende Wesen und wollen als solche behandelt werden. Die Natur steht für Schönheit und Leben, daher will jede Pflanze im Haus genauso schön und lebendig sein, wie sie es in freier Natur sein könnte. Aber hier geht es nicht vorrangig darum, über gesunde Topfpflanzen, die keinerlei magische Bedeutung haben, zu schreiben! Wir befassen uns hier mit der ganz besonderen Wirkung tatsächlich magischer Pflanzen und Kräuter!

Vor einigen Jahren war es Mode, seine Wohnung mit bunt gefärbten Trockensträußen oder Gestecken aus Strohblumen zu schmücken. Das bringt sicherlich niemandem Glück und ist auch kein gutes Omen, denn diese Art von Schmuck steht für alles, was alt, überholt und leblos ist. Die Trockensträuße verstauben und trocknen vor sich hin, verlieren an Farbe und werden somit zum Symbol für etwas Totes. Bedenken Sie das, wenn Sie sich für einen solchen Zimmerschmuck entscheiden, Sie ziehen dadurch nur ungute Energien zu sich. Aber, wie es so treffend heißt: Man kann sich so sehr an etwas Hässliches gewöhnen, dass es nicht mehr auffällt. Daher ist es immer von Vorteil, einen Freund zu bitten, einmal einen Blick von Außen in die Wohnung zu werfen und gleichsam als Außenstehender zu notieren, was unvorteilhaft wirkt.

Etwas ganz anderes sind die getrockneten Kräuter und Pflanzen, die im magischen Brauchtum verwendet werden. Sie dienen niemals nur rein dekorativen Zwecken. Es handelt sich ausnahmslos um die geweihten Sträuße oder Blumen, die einmal im Jahr an einem besonderen kirchlichen Festtag gesegnet und dann so lange im Haus aufbewahrt werden, bis sich der Festtag wieder jährt. Der Segen bleibt gleichsam an der Pflanze haften und schützt das Haus und seine Bewohner ein ganzes Jahr lang. Dazu gehört der Palmbuschen, der am Palmsonntag, dem Sonntag vor Ostern, zur Erinnerung an den Einzug Jesu in Jerusalem in der Kirche geweiht wird. Er besteht traditionell aus einigen Zweigen Palmkätzchen und Buchsbaumzweigen. Eine ganz besondere Kraft hatte so ein Palmbuschen, wenn er mit den Zweigen eines echten Olivenbaums, der aus dem heiligen Land kam, geschmückt werden konnte. Dieses Sträußchen wird traditionell hinter den Kreuzbalken am Herrgottswinkel gesteckt. Dort schafft es gleichsam einen heiligen Bezirk und wendet Schaden von den Bewohnern des Hauses ab.

Im alpenländischen Raum gibt es den »Siebenerlei-Strauß«, dabei handelt es sich um einen Palmbuschen aus siebenerlei immergrünen Zweigen: Tanne, Fichte, Kiefer, Buchs, Lebensbaum, Eibe und Wacholder werden zu einem dicken Strauß zusammengebunden und außen an der Hauswand aufgehängt. Der Siebenerlei schirmt alles Unheil ab, wie es heißt.

Bei Gewitter wirft man ein Zweiglein aus dem Palmbuschen ins Feuer, um Schaden abzuwenden. Ein alter Palmbuschen wird nicht einfach weggeworfen, sondern in einer Räucherpfanne verbrannt, mit ihr geht man durch Haus, Garten, Garage und Stall, um so die negativen Kräfte auszuräuchern. Dasselbe können Sie auch tun, wenn sich etwas Unangenehmes in Ihren Räumen ereignet hat: ein hässlicher Streit oder eine Auseinandersetzung, die die häusliche Harmonie empfindlich gestört hat. Auch nach Besuchern, die negative Gedanken und Schwingungen mitgebracht oder an einem Schnupfen oder einer Grippe gelitten haben, hilft es, die Wohnung mit einem Restchen des Palmbuschens auszuräuchern. Die ätherischen Öle aus den getrockneten Zweigen bringen schnell eine angenehme Atmosphäre zurück und wirken zudem desinfizierend.

Ein weiterer Kräuterbuschen, der ein ganzes Jahr lang im Haus hängen bleiben darf, ist das Bündel aus getrocknetem Johanniskraut (Hypericum). Im Schlafzimmer an die Wand gehängt oder unter das Kopfkissen gelegt, schützt es vor der Drud oder dem Töggeli und vor Albträumen.

Der Name »Johanniskraut« kommt daher, dass die Pflanze um den Johannistag am 24. Juni herum blüht. Es muss in der Johannisnacht gesammelt werden, wenn es eine magische Wirkung haben soll. In alten Kräuterbüchern wird empfohlen, ein Johanniskrautsträußchen bei sich zu tragen, um vor Dämonen geschützt zu sein. Bei einem Gewitter steckt man – als Schutz vor Blitz und Donner – zwei Johanniskrautstängel kreuzförmig ans Fenster oder legt das Kraut auf die Dachbalken.

In den christlichen Kirchen des Ostens werden an verschiedenen Festtagen, wie z. B. am Fest des heiligen Kreuzes, gesegnete Blumen an die Gläubigen verteilt. Am Karfreitag wird der Epitaphios (Heiliges Grab) mit weißen Blumengirlanden verziert, die am Karsamstag mit nach Hause genommen werden können; an Pfingsten bringt man vom Gottesdienst Walnussblätter mit nach Hause. Am Palmsonntag werden aus echten Palmwedeln kunstvolle kleine Kreuze geflochten. All diese kleinen gesegneten Gaben werden gerne mit nach Hause genommen, um ein Jahr lang Segen und Schutz ins Heim zu bringen. An den sich jährenden Festtagen werden sie durch neue und frische Pflanzen ersetzt. Auch hier besteht die Ansicht, dass die alten geweihten Pflanzenteile auf gar keinen Fall in die Mülltonne gehören! Man vergräbt sie im Garten oder wirft sie in ein fließendes Gewässer, wenn sie nicht mehr benötigt werden.

Auch die am Maria-Himmelfahrts-Tag gesammelten und gesegneten Kräuterbüschel finden ihren Platz am Herrgottswinkel oder vor einem Heiligenbild. Diese Sommerkräuter haben allesamt magische Kräfte und wehren das Böse ab. Allein das Sammeln und Zusammenstellen dieser Kräutersträußchen im Sommer erfordert eine magische Grundhaltung: Mit konzentrierter Aufmerksamkeit, ungestört und in stillen Gebeten geht die Kräutersammlerin in die Natur und pflückt nur diejenigen Stängel, die ihr auf telepathische Weise zu verstehen geben, dass sie dazu bereit sind, von ihr gepflückt zu werden.

Eine besondere Stellung unter den magischen Pflanzen hat die Jerichorose. Es handelt sich dabei um eine unscheinbare trockene Gewächskugel und nicht um eine Rose, wie der Name vermuten lässt. Die Pflanze wächst in der Wüste, wenn es zu trocken wird, krümmt sich die Pflanze zusammen und vertrocknet. Der Wind treibt sie große Strecken vor sich her; wenn sie auf ihrer Reise an einer Wasserstelle vorbeikommt, wird sie wieder grün und ihre Zweige breiten sich aus. Die dürre Jerichorose kann jahrelange Trockenheit aushalten, um dann wieder grün zu werden. In Familien wurde sie von Generation zu Generation vererbt und in einer Schachtel aufbewahrt. Man kann sie beliebig oft zum Leben erwecken, deswegen wird sie auch die Auferstehungspflanze genannt. Die Kreuzritter und später die Pilger, die Wallfahrten ins Heilige Land unternahmen, haben die Jerichorose nach Europa gebracht.

Sie wird schon in der Bibel erwähnt, und der Legende nach soll sie die Jungfrau Maria auf der Flucht nach Ägypten gesegnet und ihr ewiges Leben verliehen haben. Auch in Ägypten ist die Pflanze und die Geschichte bekannt, die Jerichorose wird dort »Kaff Maryam«, der Handballen der Maria, genannt. In Algerien heißt sie »Id Fatma Bint el Nabi«, die Hand der Fatima. Diese Namen zeigen, welche Wertschätzung man dieser wunderbaren Pflanze entgegenbrachte. In deutschsprachigen Bauernfamilien wurde sie gut verwahrt und von Geschlecht zu Geschlecht weitervererbt. Es hieß, dass in einem Haus, in dem die Rose aufbewahrt wird, Glück und Segen herrschen sollen.

Zweimal im Jahr, an Ostern und an Weihnachten, nahm man sie aus ihrem Behälter und stellte sie in eine Schale mit Wasser. Innerhalb weniger Stunden entfalteten sich die Zweige und wurden auf wunderbare Weise wieder grün. So erfreuten sich die Menschen vor allem in der Winterzeit an Weihnachten darüber, ein frisches Grün im Haus zu haben, das auf den kommenden Frühling hinwies und sie daran erinnerte, dass das Blatt sich mit der Wintersonnenwende wieder zum Guten wendete: die Tage wurden allmählich wieder länger und die Zeit der Dunkelheit wich!

Wenn Sie selbst das Wunder der Jerichorose sehen möchten, dann halten Sie die Pflanze kurz unter den Wasserhahn. Dann legen Sie die Rose in ein flaches Gefäß und übergießen Sie sie mit Wasser. Es genügt, wenn der untere Teil der Pflanze unter Wasser steht. Innerhalb von wenigen Stunden wird aus diesem dürren, trockenen Knäuel eine frische und grüne Pflanze. Es genügt auch, wenn die Wurzel nur fünf Minuten lang im Wasser steht und dann in ein trockenes Gefäß gelegt wird. Wer das nicht erwarten kann, der kann die Rose auch mit kochendem Wasser übergießen, eine Prozedur, die im Allgemeinen jedes pflanzliche Leben vernichten würde. Doch auch das heiße Wasser kann ihr nichts anhaben und sie öffnet sofort ihre Zweige. In zehn bis 20 Minuten ist sie zum Leben erwacht und Sie können dieses Schauspiel direkt beobachten.

Im trockenen Zustand hält es die Jerichorose jahrhundertelang aus, ohne je einzugehen. Aus diesem Grund kann man nur erahnen, wie viel Lebensenergie in dieser unscheinbaren Pflanze steckt. So lange sie nicht zu viel an Wasser bekommt, kann sie noch Ihre Ur-Urenkel erfreuen.

Die Jerichorose war nicht nur wegen der reinen Freude über ihre frisch ergrünten Zweige ein gefragtes Objekt, sondern sie sagte um die Weihnachtszeit herum auch die Zukunft des kommenden Jahres voraus. Am Heiligen Abend nahm man sie aus ihrer Schachtel und legte sie in eine Schale mit Wasser. Wenn sie sich bis zum nächsten Morgen, am Weihnachtstag, geöffnet hatte, so war das ein Zeichen dafür, dass es ein gutes, friedliches Jahr wurde. Öffnete sie sich nicht, galt das als schlechtes Omen und als eine Warnung vor bevorstehendem Unglück, insbesondere vor einem Krieg. Ich habe von einer alten Bäuerin gehört, die ihre Jerichorose Jahr für Jahr um die Weihnachtszeit herum erblühen ließ. Sie öffnete sich jedoch nicht in den Jahren 1914 und 1939, den Jahren, in denen der Erste und der Zweite Weltkrieg begann. Man kann sich vorstellen, dass die Frau danach Angst hatte, die Rose wieder ins Wasser zu geben.

Eine Jerichorose, die früher nur im Heiligen Land erworben werden konnte, können Sie mit etwas Glück in einem Pflanzenversandhaus erwerben. Halten Sie die kleine graubraune

Kugel in Ehren, auch Sie werden ehrfurchtsvoll den Atem anhalten, wenn sich das vertrocknete Gestrüpp in gestreckte frischgrüne Zweige verwandelt – und das über Nacht.

Am 4. Dezember, dem Festtag der heiligen Barbara, werden die Barbarazweige geschnitten. Man geht hinaus in den Garten und scheidet ein paar Zweige eines Kirschbaums ab, diese werden in der Wohnung in eine Vase mit Wasser gestellt. Wenn die Kirschzweige dann am Weihnachtstag blühen, wie es vorgesehen ist, gilt das als Glückszeichen für das kommende Jahr.

Bis auf die Jerichorose, die viele Generationen lang immer wieder erneut zum »Blühen« gebrachte werden kann, bleiben alle anderen magischen Kräuter nur immer ein Jahr lang im Haus. Wenn ihre Zeit vorüber ist, darf man sie jedoch keineswegs einfach so in die Mülltonne oder auf den Komposthaufen werfen! Das wäre Frevel. Alle diese geweihten Pflanzen werden entweder verbrannt, vergraben oder in fließendes Wasser geworfen.

Ein anderer Glücksbringer ist das vierblättrige Kleeblatt, das, wenn es zufällig gefunden wird, die meiste Kraft hat. Da es sehr selten vorkommt und die Form eines Kreuzes hat, entstand der Glaube, dass es Glück bringt, ein solches Blatt zu finden und bei sich zu tragen oder in der Wohnung zu haben. Dazu presst man es am besten zwischen zwei Pappdeckeln flach und gibt es anschließend in eine schützende Hülle, denn das zarte getrocknete Blatt ist sehr zerbrechlich.

Früher nähten sich die Bauern ein vierblättriges Kleeblatt in den Saum eines Kleidungsstückes ein, dadurch waren sie vor jedem Unglück gut geschützt. Das vierblättrige Kleeblatt verhalf seinem Träger in besonderer Weise dazu, Zauberei und Verblendung zu durchschauen. Er fiel also nicht mehr auf die Vorgaukelungen von Zauberern und Hexen herein, was in vergangener Zeit für die Menschen sehr wichtig war. Sie hatten Angst, auf die Truggebilde des fahrenden Volkes hereinzufallen und sich damit vor allen anderen zum Narren zu machen oder noch schlimmer, dem Leibhaftigen selbst auf den Leim zu gehen.

Zu diesem Thema gibt es viele Geschichten in den Volkssagen der Alpengebiete: Bäuerinnen, die, ohne dass sie es wussten, in ihren Körben voller Heu ein vierblättriges Kleeblatt bei sich trugen, durchschauten die Massenhypnose, in die ein ganzes Dorf verfiel, wenn durchziehende Zauberer mit den Dorfleuten ihren Schabernack trieben.

Am besten sollte der Zauber eines Kleeblattes wirken, wenn es heimlich unter dem Altartuch versteckt wurde und der Priester darüber möglichst oft die heilige Messe gelesen hatte. Dann war das Kleeblatt für alles gut – es war gleichsam ein Universalheilmittel – und wurde ins Gebetbuch gelegt.

Das Kleeblatt wird besonders in Irland verehrt und gilt als Nationalsymbol der Iren – und zwar das gewöhnliche dreiblättrige wie auch das vierblättrige. Es ist das Zeichen der irischen Luftlinie Aer Lingus und im ganzen Land in Form von

Schmuckstücken und als Zierde von Gebrauchsgegenständen verbreitet. Es wird dort Shamrock genannt und genießt nicht nur als Glücksbringer hohes Ansehen; für die Iren bedeutet dieses Symbol einen Hinweis auf das Göttliche. Der Legende nach versuchte der heilige Patrick in Irland den Menschen das Christentum nahe zu bringen. Er scheiterte jedoch, als er die Dreieinigkeit Gottes erklären wollte und stieß dabei auf völliges Unverständnis. Da pflückte er ein Kleeblatt und zeigte es der Menge: drei Blätter an einem Stil bildeten eine Einheit. Die Menschen haben ihn dann verstanden.

Wenn Sie einer dieser echten Stadtmenschen sind, die keine Pflanzen kennen und mit all dieser Sammelei von Kräutern nicht zurechtkommen, so gibt es doch die Möglichkeit, sich eine dieser Schutzpflanzen einfach zu kaufen. Kakteen, die einen starken Schutzcharakter haben, gibt es in unzähligen Variationen. Nur sind sie leider nicht so attraktiv und dekorativ, dass man sich viel davon ins Haus stellen möchte, es sei denn, Sie sind ein echter Kakteenliebhaber. Besorgen Sie sich vier kleine, möglichst stachelige Exemplare. Je länger, zahlreicher und dichter die Stacheln sind, desto besser! Stellen Sie jeweils ein Exemplar in das Ost-, Süd-, West- und Nordfenster. An ihren Stacheln bleiben alle schädlichen Energien, die von außen hereinkommen wollen, hängen. Außerdem verhindern sie mit ihren Kräften, dass bei Ihnen eingebrochen wird.

Falls Sie eine echte Frau sind und finden, dass Sie noch eine Portion Charme oder Liebreiz vertragen könnten, dann ist

Circea lutentiana Ihre Pflanze. Sie ist sehr schwer zu finden, da sie allen möglichen anderen Pflanzen ähnelt und äußerst unscheinbar ist. Aber sie macht wirklich unwiderstehlich! Vielleicht haben Sie Glück und finden die Circea, dann können Sie ein paar Blättchen davon getrocknet bei sich tragen. Auch ein alkoholischer Auszug der Pflanze ist eine kostbare Essenz, von der Sie vor wichtigen Momenten Ihres Lebens einen Tropfen auf der Stirn verreiben können. Lassen Sie sich von der umwerfenden Wirkung überraschen.

17
Gestörte Orte

Die Radiästheten, d. h. Menschen, die mit der Wünschelrute umgehen können, wissen es schon lange: Unrat und altes Gerümpel werden immer nur an geopathischen Störzonen abgeladen. Das ist leicht zu überprüfen. Gehen Sie einmal um ein frei stehendes Haus oder Bauernhaus herum, Sie werden mit Sicherheit eine Ecke finden, an der alte Holzbretter hingeworfen wurden, dazwischen steht ein Leiterwagen, dem ein Rad fehlt, rostiges unbrauchbares Arbeitsgerät und vielleicht auch das Skelett eines Autos, ohne Räder und Fensterscheiben sind dort zu finden. Ein trostloses und hässliches Bild bietet sich hier. Die Platzhalter des Hässlichen haben dort ihren Raum eingenommen. Und nach dem Gesetz der Resonanz kommt immer mehr Hässliches hinzu. Dem Menschen sind solche Plätze nicht zuträglich, sie verschaffen ihm Unbehagen und machen ihn krank. Die Wünschelrute und der Biotensor weisen an solchen Plätzen starke negative Ausschläge auf. Und kein vernünftiger Mensch würde sich an einen solchen Platz setzen, um dort z. B. gemütlich Kaffee zu trinken.

Wenn Sie selbst versuchen, sich einige Zeit lang an dieser Stelle aufzuhalten, werden Sie sich langsam immer unwohler fühlen. Die Radiästheten werden dann mit ihren Messungen bestätigen können, dass sich an dieser Stelle geopathische Störzonen, d. h. Wasseradern oder Verwerfungen unter der Erdoberfläche befinden. Es scheint so, als ob die Menschen instinktiv diese Plätze mit unbekömmlicher Energie dazu verwenden, um ihren Unrat dort abzuladen. Die Pflanzen, die auf diesen Störzonen gehäuft wachsen, gehören zu denen, die auf jeden Menschen unheimlich wirken, wie z. B. Schwarzerlen oder Pestwurz. Was ist – selbst bei hellem Tageslicht – unheimlicher als ein Erlengrund oder ein schattiger Hang, der dicht mit der urtümlichen Pestwurz bewachsen ist? Kein vernünftiger Mensch würde sich da hineinwagen – und wenn er es tut, fühlt er sich gewiss nach wenigen Minuten ganz schlecht und unwohl.

Aber wie innen, so auch außen: Könnte es nicht sein, dass wir Plätze mit negativer Energie erst erschaffen, indem wir unseren Unrat dort ablagern? Verstärken wir die ungute Energie, wenn wir unser Gerümpel dort ablagern, anstatt es anständig zu entsorgen und den Platz zumindest in dieser Hinsicht sauber halten? Wäre es vielleicht möglich, einen solchen Platz ganz bewusst zum Positiven hin zu verändern, indem wir ihn hell und ordentlich halten? Indem wir ihn schön bepflanzen, pflegen und schmücken, mit Windspielen, schönen Natursteinen, einer dekorativen Vase. Diese Fragen dürfen wir uns ruhig einmal stellen. Selbst wenn es durch solche Maßnahmen nicht gelingt, die geopathische Störzone ganz zu beseitigen, so kann man deren Auswirkungen sicherlich etwas abmildern und etwas Gutes für diesen Ort tun.

Das Prinzip der Störzonen gilt auf allen Ebenen: Der magisch arbeitende Mensch hält ganz selbstverständlich seine Umgebung und auch seine Kleidung sauber und wechselt das Hemd, sobald darauf ein Fleck zu sehen ist. Da gibt es kein »das kann ich noch einmal tragen, bevor ich es zur Wäsche gebe«! Denn er weiß, dass schon ein kleiner Schmutzfleck es nach dem Resonanzgesetz schmuddeligen und schädlichen Energien leichter machen kann, sich dort anzulagern. Daher ist es wichtig und notwendig, gerade bei magischen Handlungen besonders darauf zu achten, vor allem wenn es dabei darum geht, negativen und schädlichen Kräften Einhalt zu gebieten. Wenn alles sauber ist, findet Schmutziges keinen Widerhall und sucht sich einen anderen Ort. Ob es sich um die persönliche Kleidung, die Wohnung oder die Umgebung des Hauses handelt.

Pflanzen können uns hier viele Auskünfte geben, wenn wir sie nur zu deuten wissen. Und wie der ganze Kosmos ein unaufhörliches, dynamisches Spiel von Licht und Schatten, Positiv und Negativ ist – denn sonst wäre alles nur einseitig und langweilig –, so gibt es in der Natur nichts, was nur ungut ist. Und so wechseln sich in der Natur »gute« und »schlechte« Plätze fortlaufend ab. Das kundige Auge erkennt an der Art der Pflanzen, wo die Grenze zwischen beiden ist. Gerade neben besonders starken und positiven Orten fallen die negativen Zonen, die direkt daneben liegen, auf. Aber das muss so sein, denn wie Yin und Yang, Plus und Minus sich ständig abwechseln und sich gegenseitig mit Energie versorgen, so ist das auch in der Welt der Natur und der Pflanzen. Stellen Sie sich eine Batterie vor, die keinen Minuspol hat! Sie wäre wertlos, und die Taschenlampe, in die Sie sie einlegten, würde nie Licht geben können.

Wenn Sie einmal durchs Land streifen, werden Sie feststellen, dass Holundersträucher sehr häufig an den Ecken von Scheunen oder Stadeln stehen. Das kommt daher, dass die Bauern früher genau wussten, in welches Areal sie ihre Höfe bauten. Ein Holunder- oder Hollerstrauch wächst nur auf für den Menschen schädlichen Stellen über geopathischen Reizzonen, vorausgesetzt, dass er sich selbst ausgesät hat. Bei der Landbevölkerung war der Glaube verbreitet, dass es Unglück bringe, einen Hollerbusch abzuholzen, denn er galt als sehr heilkräftig und als Verkörperung der Frau Holle. Ihn umzuschlagen war beinahe gleichbedeutend mit Mord, und es gibt viele Sagen, in denen der Hollerbaum dabei jammerte und schrie wie ein Mensch, dem Leid angetan wird. Das Gleiche wird übrigens von der Alraune erzählt, einer magischen, menschenähnlichen Pflanze, die furchtbar schrie, wenn sie geerntet wurde. Ein Wohnhaus wurde daher auf den Teil des Landes gebaut, auf dem kein Holunder wuchs, und war damit auch störungsfrei.

Auch der alte Spruch kommt aus diesem Wissen: »Eichen musst du weichen, Buchen musst du suchen.« Gemeint ist damit, dass bei einem Gewitter auf gar keinen Fall Schutz unter einem Eichenbaum zu suchen ist. Obwohl wir heute wissen, dass Bäume und andere Erhebungen generell Blitzschlag gefährdet sind, steckt hinter diesem Spruch doch eine alte Erfahrung: Eichenbäume stehen in der freien Natur immer auf Wasseradern und der Blitz schlägt tatsächlich wesentlich häufiger in Eichen als in andere Bäume ein. Buchen hingegen wachsen auf einem Boden, dessen Ausstrahlung für den Menschen sehr zuträglich ist, sie werden auch weniger vom Blitz getroffen. Trotzdem ist eine Buche kein sicherer Aufenthaltsort bei einem Gewitter!

Auch von Buchsbaum und Efeu ist bekannt, dass sie auf Störzonen wachsen. Buchsbaum soll nach Meinung alter Kräuterkundiger und Radiästheten die für Mensch und Tier schädlichen Strahlungen in gewisser Weise etwas abmildern. Daher pflanzen ihn manche Menschen rund ums Haus herum an, was meines Erachtens bei diesem Problem nicht immer sehr hilfreich ist. Mir ist ein großes österreichisches Kloster bekannt, das nahe der ungarischen Grenze vor etwa 30 Jahren auf einem willkürlich gewählten Grundstück erbaut wurde. In der Nähe der Gebäude befinden sich Seen und ein Sumpfgebiet. Kein mit der Natur vertrauter Baumeister hätte an diesem Platz ein Haus errichtet, denn logischerweise ist das ganze Areal von unzähligen Wasseradern durchzogen.

Und tatsächlich findet man in diesem schönen Haus keine Ruhe und keinen Schlaf. Unzählige Hecken aus Buchsbaum durchziehen die Gärten und umgrenzen die einzelnen Gebäude, ohne dass viel von deren Wirkung zu bemerken ist.

Die unterirdischen Wasseradern und Störzonen sind hier einfach zu stark. Nur ein Ortswechsel würde hier Abhilfe schaffen.

Bei allen Störzonen gilt es, sie zu meiden. Empfindliche Personen spüren Übelkeit, Schwindel und Unbehagen, wenn sie sich in einem solchen Gebiet aufhalten. Früher wäre es keinem Menschen eingefallen, in einem Erlengrund, der auch nur auf negativer geopathischer Strahlung gedeihen kann, ein Haus zu bauen.

Ein Baum, der ganz gewiss Ordnung in das Chaos bringt, ist die Paulownia oder der Blauglockenbaum, der nach der Prinzessin Paulowna, der Tochter des Zaren Paul des Ersten, benannt ist. Er ist ein beliebter Parkbaum der wärmeren Regionen Mitteleuropas; besonders gut wächst er in Weingegenden, denn er ist sehr frostempfindlich. Seine ursprüngliche Heimat ist Mittelchina. Der attraktive Laubbaum, dessen wunderschöne, glockenförmige Blütenrispen bis zu 40 Zentimeter lang werden, wirkt durch und durch geheimnisvoll. Besonders die zwei Zentimeter großen Fruchtkapseln, aus denen im Herbst ein weißwolliges Samengespinst dringt, machen einen mysteriösen Eindruck. Kurz, jeder aufmerksame Betrachter spürt, dass es sich bei diesem Baum um eine ganz besondere Art handelt, und nähert sich der Paulownia mit Ehrfurcht.

Tatsächlich verfügt die Paulownia über höchst magische Kräfte. Ohne zu viel über das Wesen dieses Baumes sagen zu wollen, denn es gibt Geheimnisse, die auch wirklich verborgen bleiben müssen und sich nur dem Wissenden offenbaren, darf ich doch weitergeben, dass dieser Baum eine ganz besonders starke Schutzfunktion vor allem Üblen hat und negative Kräfte akzeptabel ordnet. Das heißt, er ist der ideale Baum, um ungute Plätze und Zustände wieder positiv auszurichten. Dem Weisen, dem sich das Wesen dieses Baumes gezeigt hat, ist es auch gestattet, seine Kräfte für magische Zwecke einzusetzen. Wenn Sie also einem solchen Baum »begegnen«, dann betrachten Sie ihn mit großem Respekt!

Im Haus selbst ist häufig der Keller oder der Speicher eine solche, allerdings von Menschen gemachte, »Störzone«. Schauen Sie sich einmal um, was dort alles lagert! Der Keller ist gleichsam das Unbewusste des Hauses, der Speicher steht für das Gedankliche und Geistige. Hat sich dort im Laufe der Jahre ein ganz persönliches Chaos herausgebildet? Natürlich haben Keller und Speicher keine Wohnraumqualität, dennoch ist es erfreulich und der physischen und psychischen Gesundheit der Bewohner förderlich, wenn dort alles übersichtlich und aufgeräumt ist. Nicht nur ein Durcheinander von nützlichen Dingen wirkt hier störend, sondern auch die Ansammlung von Gerümpel und Dingen, die Sie gewiss nicht mehr brauchen, die aber zu schade zum Wegwerfen sind, finden sich hier. Wer jemals erfahren hat, wie ungeheuer befreiend es ist, Ordnung in Keller und Speicher zu bringen, weiß wovon ich spreche. Alles, was dort »vergessen« vor sich hin verstaubt belastet nur und gehört zu den Dingen, die Sie ganz gewiss nicht mehr brauchen!

Nehmen Sie sich ein Wochenende Zeit und entrümpeln Sie. Was Sie wirklich brauchen, kommt übersichtlich in Regale. Diese erleichternde Aktion befreit auch Sie von alten, belastenden Eindrücken und macht Sie freier. Außerdem können sich dann störende und lästige Energien nicht mehr festsetzen. Daher sind Ordnung und Sauberkeit für den magisch wirkenden Menschen selbstverständlich und haben überhaupt nichts mit Spießertum zu tun!

Rutengeher und Radiästheten machen sich an die Arbeit, um Störzonen zu suchen, wenn es darum geht, gesund zu wohnen. Das ist eine anstrengende und kräftezehrende Arbeit. Menschen, die auf diese Art und Weise arbeiten, werden auch nicht alt, weil sie ihre Kräfte durch die Suche nach dem Negativen verschleißen. Dem jedoch können Sie abhelfen, indem Sie immer den *guten* Platz suchen und nicht den schlechten! Wer so arbeitet, schont seine eigene Energie und bleibt gesund. Wie finden Sie nun den guten Platz in Ihrer Wohnung? Ganz einfach! Binden Sie einen Schlüssel oder einen Schmuckanhänger oder sonst etwas Schwereres – Profis nehmen ein Lot oder Pendel zur Hand – an einen dünnen Faden. Der Faden sollte etwa 20 Zentimeter lang sein. Stellen Sie sich mit diesem improvisierten Pendel in der Hand in die Zimmertüre und fragen laut: »Wo ist in diesem Raum der gute Platz?« Das Pendel wird in die Richtung des guten Platzes schwingen! Dort können Sie dann Ihr Bett oder Ihren Lieblingssessel aufstellen und sicher sein, dass Sie sich dort wohl fühlen werden. Falls Sie Haustiere haben, können auch sie Ihnen bei der Suche nach einam guten Platz helfen! Ein

Hund legt sich grundsätzlich nur auf einer störungsfreien Zone nieder, wohingegen die Katze den Reiz eines negativen Platzes braucht, um sich wohl zu fühlen. Der Lieblingsplatz Ihrer Katze tut aus diesem Grund Ihrem Energiesystem nicht gut!

Es gehört zu den Erfahrungen der Rutengeher, dass sich einige – oft auch schwer kranke – Menschen anscheinend von den Störzonen und schlechten Plätzen wie magisch angezogen fühlen. Sie sind anscheinend die ungute Energie so gewohnt, dass sie sich dort wohl fühlen. Es ist eine gesicherte Tatsache, dass sich kranke Menschen nicht selbst einen neuen und natürlich »guten« Schlafplatz in ihrer Wohnung suchen sollen, wenn sie jahrelang auf einem schlechten Platz geschlafen haben.

Die meisten Menschen fürchten die schlechten Plätze und suchen die guten. Bücher über Kraftplätze erwecken den Eindruck, dass es nichts besseres für die Vermehrung von persönlicher Macht und spiritueller Entwicklung gäbe, als sich an solchen Orten aufzuhalten. Dabei ist es genauso schädlich, zu lange auf einem guten und starken Kraftplatz zu verweilen! Mögen Sie auch glauben, dass man des Guten nie zu viel haben könnte, bei Plätzen mit besonders hoher Energie trifft das nicht zu. Ich habe selbst erlebt, wie Menschen, die sich zu lange – zu lange können schon 15 Minuten sein! – an einem solchen Ort aufgehalten haben, massive vegetative Störungen bekamen. Im Labyrinth von Chartres stürmen die Touristen sogleich in die Mitte, einen sehr starken Kraftplatz, um dort stehen zu bleiben. Die Beschwerden danach reichten von Schwindel, Herzklopfen, Unruhe, Angstgefühlen, Übelkeit bis zu dumpfen Kopfschmerzen. Wenn das einmal passiert ist, dann hilft nur eins: Verlassen Sie den Ort, gehen Sie zügig in der Natur umher, am besten in einen Wald, und trinken Sie viel Wasser. Nach ein bis zwei Stunden sollte es Ihnen dann besser gehen.

18
Ein starker Zauberspruch

Das ist der Ort, das weiß Gott wo!
Hier und um diese Alm geht ein goldener Ring,
Darin sitzt Maria mit ihrem herzallerliebsten Kind,
Hier und um diese Alp geht ein goldener Thron,
Darin sitzt Maria mit ihrem herzallerliebsten Sohn.
Hier und um diese Alp geht ein goldener Graben
Darin sind die drei heiligen Knaben.
Der erste ist Gott der Vater,
Der andere ist Gott der Sohn,
Der dritte ist Gott der Heilige Geist.
Die wollen uns an Leib und Seel,
An Ehre, Gut und Geist behüten und bewahren.
Ave, Ave, Ave Maria.
Jesus, o mein lieber Herr Jesus Christ.

Der Text wurde zum besseren Verständnis aus dem rauen Innerschweizer Dialekt ins Hochdeutsche übersetzt. Dieser so genannte Lungerner Betruf ist eine der beeindruckensten mystischen Formeln, in der sich christlicher Glaube und magisches Brauchtum vereint haben. Er wird in den katholischen Kantonen der Schweizer Alpen auch heute noch gebraucht. Am Abend kurz vor Sonnenuntergang tritt der Senn vor die Almhütte, hält einen hölzernen Trichter zur Schallverstärkung vor den Mund und ruft den Betruf über die Berge und die Almen. Sein Ruf ist nicht nur laut, er ähnelt eher einem rauen Schrei, der über die Gipfel und in den Himmel hallt. Jeder, der dies einmal miterleben durfte, kann sich der magischen Aufladung nicht entziehen und findet sich mit einer Gänsehaut oder zumindest mit Tränen in den Augen wieder.

In der bergigen Schweiz ist dieser Betruf verbreitet, dabei haben sich neben dem oben zitierten Hauptteil noch einige zusätzliche Beifügungen ergeben. So werden in der Ostschweiz noch einige vielsagende Verse angeführt, die den magischen Charakter des Rufes verstärken. Der heilige Petrus wird angerufen, mit seinem Schlüssel gefährliche Tiere zu bannen:

Beschließe wohl
Dem Bären seinen Gang,
Dem Wolf seinen Zahn,
Dem Luchs sein Gräuel,
Dem Raben den Schnabel,
Dem Wurm den Schweif,
Den Flug dem Greif
Dem Stier den Sprung.

Damit sind natürlich nicht nur gewöhnliche Tiere gemeint, Lindwurm und Greif gehören zu den mythischen Fabeltieren, die Mensch und Tier bedrohen und töten können. Sie gehören aber auch zu den Tieren des Bösen, wie sie auch in den modernen Fantasyfilmen so drastisch gezeigt werden.

Die hier aufgezählten Tiere wurden von den wehrlosen Menschen der früheren Zeit sehr gefürchtet. Wolf und Luchs machten sich an die Herden heran und trugen Schafe und Ziegen weg, zudem heulte der Wolf noch schauerlich in der Nacht, so dass die Menschen in den Hütten zitterten und näher zusammenrückten.

Der Rabe galt schlechthin als Totenvogel, Unglücksbringer und Bote schlechter Nachrichten. Dieser Aberglaube sitzt noch heute tief in den Landleuten drin. Und so wurde und wird dieser Vogel auch heute noch gelegentlich getötet und dann an eine Scheune oder einen Pfahl genagelt, um alle anderen Raben und Unglücksboten dadurch abzuschrecken.

In ähnlicher Form erstreckt sich diese tief sitzende Angst vor Unheil bringenden Vögeln auch auf alle Eulen. Die meisten Eulenvögel sind nachtaktiv, ein Umstand, der früher besonders unheimlich und verdächtig wirkte. Ihnen wurde insbesondere nachgesagt, dass sie Boten des nahenden Todes seien. Besonders gefährlich wurde es, wenn man sie des Nachts schreien hörte, dann konnte man sicher sein, dass in den nächsten Tagen einer aus dem Dorf sterben musste. Aus diesem Grund waren diese Vögel Anfang des letzten Jahrhunderts beinahe ausgerottet, und es ist dem Einsatz der Naturschützer zu verdanken, dass ihre Population sich langsam wieder erholen durfte.

Bär und Stier sind Tiere mit großer körperlicher Kraft, es ist ihnen ein Leichtes, nur durch die Wucht ihres Körpergewichtes einen Menschen zu töten. All diese unheimlichen Tiere, die den Menschen mit ihren Raubzähnen, ihren Schreien und ihrer immensen Körperkraft bedrohten, wurden des Nachts in der Dunkelheit besonders gefährlich. Deswegen wird Sankt Petrus angerufen, er hat nicht nur die Schlüssel des Himmelreiches in seinen Händen, wie auf vielen Abbildungen zu sehen ist. Im Lungerner Betruf hören wir, dass er uns nicht nur die Tür zum Paradies aufschließen kann! Er hat auch die Gewalt, mit seinem großen goldenen Schlüssel alle bösen und gefährlichen Tiere wegzuschließen, so dass die Menschen ruhig schlafen können.

Wenn man die verschiedenen Textfassungen des Betrufes vergleicht, erkennt man die Struktur heidnischer Bannsprüche, die der Bevölkerung bekannt waren und in Rhythmus und Aufbau übernommen wurden. Der Inhalt jedoch ist christlich. In diesem wunderbaren Gebetsspruch wurden die christliche und die magische Welt würdevoll vereint und in die moderne Zeit hinübergetragen, wobei der christliche Gott und seine Heiligen sich als starke Macht erweisen.

Zahlreiche Sagen, Geschichten und mündliche Überlieferungen aus der Schweiz erzählen auf beeindruckende Weise, wie oft der Betruf den Hirten und Sennern auf der Alm Unheil abgewendet und Segen gebracht hat.

Dieser starke Text hilft nicht nur dem Senn auf der Alp! Der rhythmische Klang und der dreifache Ring nehmen auch uns in ihren Bann und Schutz. Sagen Sie dieses starke Gebet am Abend und stellen Sie sich, Ihre Familie und Ihre Wohnung in die schützenden Ringe hinein. Sie werden sofort eine ganz andere Kraft verspüren.

Der Name Lungerner Betruf kommt daher, dass er besonders in Lungern im Kanton Obwalden aufgezeichnet und angewendet wurde. Er ist nun kein gewöhnliches Gebet, sondern vereint in sich die magischen Elemente des Ringes, der heiligen Zahl drei, des Ave Marias und einer unverständlichen magischen Formel, die sich wohl aus einer missverstandenen Zeile des Johannesevangeliums ableiten lässt. Maria, die Mutter Gottes, spielt in der Volksverehrung eine herausragende und wichtige Rolle. Sie schützt die Menschen vor allen Gefahren, errettet sie aus Krankheit und Tod – sie hat sogar die unglaubliche Macht, die Hilfesuchenden vor dem Zorn Gottes und seiner Strafe zu schützen! Einige sehr schöne Darstellungen der Gotik zeigen die himmlische Mutter in ihrer ganzen Macht: Sie hat ihren Mantel über ihre Schützlinge geworfen, um sie vor Pfeilen und Angriffen zu schützen, die nicht nur von bösen Menschen, sondern auch vom erzürnten Gott herniederhageln. Besonders schön ist sie in dieser Funktion an der Nordwand der Kirche in Tiefenbronn zu sehen. Sie ist hier ganz die mächtige Theotoke, die Gottesgebärerin, unter ihrem Mantel ist eine Schar versammelt und die mächtigen Pfeile und Blitze aus dem Himmel prallen davon ab. »Unter Deinen Schutz und Schirm fliehen wir, o heilige Gottesgebärerin …« heißt ein anderes altes Schutzgebet.

In der orthodoxen Kirche gibt es sogar einen uralten Hymnus, in dem Maria als übermächtige Feldherrin besungen wird, der ihre Stadt Jubellieder singt, weil sie aus großen Gefahren errettet wurde. Die Macht dieser Frau ist dem Volksglauben nach so stark, dass allein die beiden Worte Ave Maria genügen, um böse Geister abzuhalten.

Die erste Zeile des Lungerner Betrufes klingt wie ein uraltes Rätsel: »Das ist der Ort, das weiß Gott wo.« Wir werden von einem geheimnisvollen Schauder erfasst und haben dabei das Gefühl, gleichsam ins Weltall hinausgeschleudert zu werden bei dieser Zeile. Tatsächlich steht aber hinter diesem Satz die erste – missverstandene – Zeile des Johannesevangeliums: »Am Anfang war das Wort und das Wort war bei Gott und Gott war das Wort.« Diesem mystischen und für viele unverständlichen Satz wurde im Volksbrauchtum eine magische Kraft zugeschrieben, und er wurde wie eine Beschwörung gebraucht. Im häufigen mündlichen Gebrauch schliff sich dieser Satz so ab, dass aus »Wort« schließlich »Ort« wurde. Seltsamerweise hat das seiner Kraft und magischen Ausstrahlung keinen Abbruch getan. »Das ist der Ort, das weiß Gott wo« kann überall in der Welt sein und vor allem genau da, wo wir uns gerade befinden.

Viele alte Bannsprüche erzählen uns von einem heiligen Kreis, einem Ring. Auch im Lungerner Betruf haben wir diesen Zauberkreis, der sich in drei magischen Ringen um die Alm schließt. Hier sind es ein goldener Ring, ein goldener Thron und ein goldener Graben. Nicht nur die magischen Ringe schützen die Alm, nein diese drei goldenen Ringe sind auch noch von mächtigen heiligen Gestalten bewacht und gesichert, deren bloße Anwesenheit all diejenigen mit ganzer Kraft schützt, die sich im Inneren dieser Zauberkreise befinden.

Allein über diese verschiedenen Elemente des Lungerner Betrufs ließe sich ein eigenes Buch schreiben. Dass er keines der üblichen Gebete war, zeigt ein Bericht des Luzerner Chronisten Cysat, der im Jahre 1565 schrieb, dass ohne den Betruf die dem Senn anvertrauten Tiere von Gespenstern in die Lüfte gehoben und hinweggeführt würden.

Die Kirche sah dieses magische Brauchtum nicht gern, sie hatte Angst, dass es sich hierbei um Aberglauben handelte. Aber auch der Staat befürchete magische Praktiken, und so verbot die Regierung von Appenzell im Jahre 1609 das »abgöttische Ave-Maria-Rufen«. Das alles zeigt nur, dass diese Gebetsformel im Volk sehr verbreitet und hoch geachtet war. Viele Geschichten erzählen, was alles für Unheil auf den Almen geschehen ist, als der Senn einmal den Betruf vergessen hatte. Der Hirte nahm den Hut vom Kopf, bevor er des Abends seinen heiligen Spruch hinausrief, und er wusste, dass der mystische Text nur richtig und ganz im Ernst gesprochen werden durfte. Ihn anderen Leuten nur einfach vorzuführen oder ihn zur falschen Zeit zu rufen, war ein Frevel und brachte Unglück.

Der magische Betruf hat auch heute nichts von seiner Kraft verloren. Erinnern Sie sich daher an diese alte magische Formel, wenn Sie sich und Ihre Familie besonders schützen wollen. Ziehen Sie im Gebet diese drei magischen Kreise mit ihren starken Schutzfiguren um Ihr Haus und Ihre Familie und spüren Sie deren leuchtenden Schutz, wenn Sie im Inneren dieser Kreise stehen.

19

Totenkult: Die Verstorbenen sind so nah

Noch vor wenigen Jahrzehnten war es unseren Vorfahren wichtig, dass es auch den Verstorbenen der Familie gut ging. Die Toten nahmen einen breiten Raum im Alltagsleben der noch Lebenden ein, die in einigen Jahren auch zu den Toten gehören würden. Das alles wussten die Menschen und lebten ganz selbstverständlich damit. Heute ist es so, dass ein Großteil der Menschen glaubt, überhaupt nicht mehr sterben zu müssen und das Gesetz von Leben und Tod träfe auf sie persönlich nicht zu. In München gibt es sogar einen Club der Unsterblichen, lauter Menschen, die sich für so schön, wichtig und wertvoll halten, dass sie gar nicht sterben können. Die andere Seite der Medaille des Lebens – nämlich der Tod – wird hartnäckig verleugnet und verdrängt.

In allen Kulturen der Welt – und da gibt es keine einzige Ausnahme – wird dem »Leben« der Toten eine sehr große Bedeutung beigemessen. Es ist sogar von äußerster Wichtigkeit, dass die Verstorbenen kontinuierlich geehrt werden, denn dann und nur dann geht es auch den Lebenden gut. Das ist auch ganz logisch, denn die Zeit, die wir leben, ist gemessen an der Zeit, die wir tot sind, nur sehr kurz.

Alle Religionen beten für ihre Verstorbenen. Auch die christlichen Kirchen haben einen Schatz besonders schöner Gebete. Bei uns sind es die ersten Tage im November, an denen wir der Toten gedenken. Am ersten und zweiten November sind die Feste Allerheiligen und Allerseelen. Diese Heiligen und Seelen, derer zu dieser Zeit gedacht wird, sind nichts anderes als unsere Ahnen oder unsere Vorfahren, die uns vorausgingen und uns aus der Anderswelt heraus beschützen. Wir wissen, dass schon die Kelten an diesen Tagen an ihre Verstorbenen dachten. Aus dieser Zeit ist wohl auch der Brauch der Allerseelenwecken oder des Seelenzopfes. Früher war das ein kleiner Wecken Brot, den der Taufpate seinem Patenkind an Allerheiligen schenkte. Jetzt wird der Allerseelenzopf nur noch von wenigen Bäckern auf dem Lande hergestellt. Und da es uns allen viel besser geht als zu früheren Zeiten, ist aus dem einstigen Brot ein feines Stück Kuchen geworden, das mit Creme gefüllt und verziert ist. Früher brachte man diesen Allerseelenzopf ans Grab, damit sich die »Armen Seelen« daran laben konnten. War am nächsten Tag noch etwas davon übrig, nahm man ihn mit nach Hause, um ihn selbst aufzuessen.

Die Nacht vom 31. Oktober auf den 1. November heißt im Angelsächsischen auch »Halloween« und wird in England und vor allem in Amerika als Spuknacht gefeiert. In den letzten Jahren ist diese Welle auch zu uns hinübergeschwappt, und zwar mit allen unsinnigen Auswüchsen. Früher wurden in dieser Nacht Lichter in ausgehöhlten Kürbissen aufgestellt, um die Toten zu grüßen und ihnen zu zeigen, dass sie nicht vergessen sind.

In heftiger Missachtung des eigentlichen Anliegens dieses Festes werden in der modernen Zeit an diesem Abend Parties gefeiert, bei denen Teufels- und Gespensterkostüme getragen werden, »Leichen« steigen aus Särgen, die in den Lokalen aufgebaut sind – kurzum, es wird eine Art Gespensterfasching abgehalten, der nichts mehr mit dem Sinn des Halloween zu tun hat. Es geht dabei nicht um das Wohlergehen der Verstorbenen, sondern um eine Party einer Gesellschaft, die ganz losgelöst von ihrer Familienlinie ihren Spaß haben will.

Das Wort Halloween kommt aus dem Altenglischen und ist – wie kaum einer weiß – eine Verkürzung des Ausdrucks »All Holies Eve«, was in der Übersetzung »Aller Heiligen Abend« bedeutet. Also die Nacht, in der aller Verstorbenen gedacht wird. Im Glauben aller Völker war es auch wichtig, dass die Verstorbenen im Jenseits genug zu essen hatten. Wir kennen das von den zahlreichen Grabbeigaben, denn in alten Zeiten wurden den Toten Getreide, Weinkrüge und Früchte mit ins Grab gelegt.

In Asien ist es an zwei Tagen des Jahres seit alters her üblich, dass ein richtiges Picknick an den Gräbern stattfindet. Die Friedhöfe sehen dann wie lebhafte Ausflugsstätten aus. Jung und Alt tummeln sich um die Gräber herum und packen fröhlich die mitgebrachten Speisen aus, um sie zu verzehren. Einen Teil davon legt man den Toten aufs Grab, damit auch sie etwas von dem guten Essen haben und wissen, dass man sich ihrer erinnert.

In Deutschland ist es heute noch üblich, nach der Ernte einige Äpfel im Baum hängen zu lassen. Da die Früchte auch noch nach dem Fallen der Blätter am Baum hängen bleiben, ist es immer ein seltsamer Anblick, im Winter zwischen den kahlen Zweigen rotbackige Äpfel zu entdecken. Die umherschwirrenden »Armen Seelen« sollten auch im Winter etwas zu essen haben, so glaubten die Leute auf dem Land. In Japan ist ein ähnlicher Brauch bekannt. Dort gibt man den so genannten »Hungrigen Geistern« von jeder Mahlzeit etwas ab. Vor Beginn des Essens werden in einer Suppenschale ein paar Löffel von jeder Speise gesammelt und dann vor die Haustüre oder auf den Balkon gestellt. Auch hier besteht also der Glaube, dass manche Verstorbene wie hungrige Geister umhergehen und mit einer Mahlzeit getröstet werden könnten.

Dass die Lebenden und Toten eng verbunden sind, zeigt auch folgender alter Brauch. Wenn ein Kind während eines Spaziergangs stolperte, wurde es früher von den Eltern ermahnt, ein paar Schritte zurückzugehen und dieselbe Strecke einen Meter seitlich versetzt wieder nach vorne zu gehen. »Du bist über einen Toten gegangen und hast seine Ruhe gestört, deshalb musst du den Weg noch einmal daneben gehen.« Auch das ist eine Wahrheit, dass wir beinahe kein Stück Boden betreten können, unter dem nicht ein Mensch begraben liegt –

bei der langen Geschichte der Menschheit ist das auch nicht verwunderlich.

In allen Kulturen wusste man, dass es so etwas wie »Arme Seelen« gibt. Damit sind Verstorbene gemeint, die aus irgendwelchen Gründen ihren Weg und Frieden noch nicht gefunden haben. Unzählige Geschichten berichten von Gespenstern, die so lange unerlöst herumgeistern mussten, bis sich ein Lebender ihrer erbarmte und für sie betete. Schließlich wollte niemand, dass es auf seinem Hof spukte oder gar ein Gespenst sein Unwesen trieb und der Familie Angst machte. Alles, was unheimlich oder fremd war, wurde mit den unglücklich Verstorbenen in Verbindung gebracht. Daher gab es früher auch Rituale, um diesen »Armen Seelen« zu helfen, wie z. B. Brettspiele, bei denen die Verstorbenen regelrecht in den Himmel hineingewürfelt wurden.

Obwohl das meiste davon – teilweise zu Recht – in Vergessenheit geraten ist, sind mir zwei Frauen der neueren Zeit bekannt, die sich hauptsächlich dieser Aufgabe gewidmet haben und dadurch Spukerscheinungen zum Verschwinden brachten. »Arme Seelen« wehrte man niemals ab, sondern immer versuchten die Lebenden, mit ihren Kräften den Verstorbenen zu helfen und ihnen den Weg in die himmlische Welt zu erleichtern. Hier half vor allem das Gebet, und es gab ganze Gebetssammlungen, die den »Armen Seelen« gewidmet waren. Auch wenn es heutzutage altmodisch wirkt, an solches Wissen zu erinnern, halte ich es doch für wertvoll und wichtig, wieder daran zu denken.

Nicht umsonst gelten weiße Blumen als Totenblumen, und manche Menschen fürchten sich regelrecht, solche Blumen in ihrer Wohnung zu haben. Sie sehen es auch als schlechtes Omen an, z. B. einen Strauß weißer Nelken geschenkt zu bekommen, weil sie glauben, dass dann jemand aus der Familie sterben wird. Hier wird altes Volkswissen verdreht. In Wirklichkeit glaubten unsere Vorfahren, dass weiße Blumen es den verstorbenen Seelen erleichtern, ihren Weg in den Himmel zu finden. Sie erwiesen also mit einer weißen Blume der Seele einen Liebesdienst und wollten damit keineswegs eine Unglückvorhersage machen.

Wenn Sie einem lieben Verstorbenen etwas Gutes tun möchten, dann legen Sie ihm eine weiße Rose aufs Grab. Falls das nicht möglich ist, reicht es auch aus, wenn Sie in Ihrer Wohnung eine weiße Blume an die Fensterbank stellen. All dies erleichtert den Seelen, den Weg nach oben zu finden.

20

Die geheimnisvollen Raunächte

Das technische Zeitalter hat vieles hinweggewischt, was rational nicht erklärbar, aber dennoch wirksam war und jahrhundertelang von unseren Urgroßeltern, ohne zu hinterfragen, praktiziert wurde. Heute liefern uns Wissenschaft und Forschung gelegentlich eine Begründung, weshalb diese Bräuche gar nicht so unvernünftig waren. Vieles ist aber dennoch nicht erklärbar und liegt im Dunkeln, wir dürfen es einfach nur hinnehmen.

Auf solches Brauchtum zu achten, ist eine recht spannende Angelegenheit. Einen besonders breiten Raum nehmen die Bräuche um die Zwölf heiligen Nächte, die so genannten Raunächte ein. Das sind die Nächte zwischen Weihnachten und dem 6. Januar, dem Dreikönigstag. Das ist auch die Zeit der Wintersonnenwende und eine Zeit der Geister und Seelen. Die Raunächte haben ein geheimnisvolles Flair, sie sind gewissermaßen eine Zeit des Kampfes von Licht und Dunkel. Böse und gute Kräfte kämpfen miteinander, und wir wissen zwar, dass schließlich das Licht siegt, trotzdem machen uns die wilden Reiter Angst, die mit stürmischen Winden in diesen Wochen übers Land ziehen. Die wilden Horden reiten fauchend durch die Lüfte, deshalb ist es vonnöten, Fenster und Türen gut zu schließen.

Besonders gefährdet durch die Wilde Jagd sind Kinder. Auf gar keinen Fall darf man nachts das Fenster der Zimmers offen lassen, in dem kleine Kinder schlafen – sie würden sonst eine Beute der wilden Reiter. Der reale Hintergrund dafür ist sicher, dass die kalte Nachtluft, die zu dieser Zeit sicher zu erwarten ist, Babies schaden und sie krank machen kann.

Wer zurzeit der Raunächte im Freien Wäsche an der Leine hängen lässt, wird sie nicht wiederfinden. Ja, man sollte überhaupt nicht waschen während dieser Tage und sich von allen groben Arbeiten fern halten, denn das bringt Unglück. Es gilt auch als sehr gefährlich, während dieser Zeit sein Bett im Freien zu lüften! Man glaubte früher, dass die Menschen, die das taten, im darauf folgenden Jahr an einer schweren Erkrankung leiden würden.

Jetzt ist die richtige Zeit, die im Sommer gesammelten Kräuter als heiße Tees zu sich zu nehmen, denn die Menschen brauchen die in ihnen gespeicherte Sonnen- und Heilkraft jetzt am meisten.

In den Raunächten muss alles still und geordnet vor sich gehen. Lautes Singen oder Türenschlagen ist verboten, denn das zieht den Blitz im Sommer an. Wer untertags ein Liedchen pfeift, der kann ein Unglück erwarten. Alles soll während dieser Zeit ordentlich und unter Dach und Fach sein, Gartengeräte, Besen und Holzscheite. Im Garten und vor dem Haus darf keinerlei Unordnung herrschen, sonst fährt die Wilde Jagd hinein und verstärkt das Chaos. Alles, was sich die Familie in diesem Jahr ausgeliehen hat, soll noch vor Weihnachten zurückgegeben werden. Es empfiehlt sich auch, zu kontrollieren, ob alle Knöpfe an den Hemden, Jacken und Hosen angenäht sind. Denn man glaubte früher, dass jeder fehlende Knopf einem im kommenden Jahr verlorenen Geldstück entsprechen würde.

Erbsen, Bohnen und Linsen zu dieser Zeit gegessen, führen zu Eiterungen und Infektionen und sehr schweren Erkrankungen im nächsten Jahr. Wer die Fingernägel oder die Haare zu dieser Zeit schneidet, bekommt brüchige Nägel und Kopfweh. Nüsse, Kastanien oder Äpfel während der Raunächte vom Boden aufzuheben, führt zu bösartigen und hartnäckigen Ausschlägen. Diese Früchte gehören nämlich den wilden Reitern, denen sie auf ihren nächtlichen Fahrten als Nahrung dienen.

In der Dreikönigsnacht und in der Heiligen Nacht können die Tiere sprechen. Wenn Sie in dieser Nacht im Stall sind oder Ihre Haustiere befragen, werden Sie eine Antwort bekommen. Die Dreikönigsnacht ist aber auch die gefährlichste aller Raunächte. Denn da haben die dunklen Mächte ihre letzte Gelegenheit und ihre letzte Nacht, in der sie Unheil,

Verwirrung und Schaden bringen können. Deshalb ist nicht ratsam, ins Freie zu gehen. Sorgen Sie bei Tageslicht dafür, dass Sie alles im Haus haben, was Sie brauchen, und nicht etwa noch nachts über den Hof gehen müssen, um Brennholz zu holen!

Ein Haselzweig, der am Dreikönigstag als Wünschelrute geschnitten wird, ist unfehlbar. Wenn Sie noch dazu CBM, die Anfangsbuchstaben von Caspar, Melchior und Balthasar hineinritzen, haben Sie damit ein unschätzbares Werkzeug, das Ihnen dazu verhelfen wird, alle schädlichen Strahlungen und Strömungen zu erkennen und ihnen auszuweichen.

Von ganz besonderer Bedeutung sind die Träume, die in diesen Zwölf Nächten geträumt werden. Sie haben prophetischen Charakter. Jede Nacht entspricht einem Monat, z. B. die erste Nacht dem Januar, die zweite Nacht dem Februar usw. In der ersten Hälfte der Nacht träumt man die Ereignisse der ersten Monatshälfte und nach Mitternacht die in der zweiten Monatshälfte. Auch das Wetter lässt sich nach dieser Regel bestimmen, und es gab und gibt Menschen, die der Natur sehr verbunden sind und auf diese Art und Weise das Wetter für die Monate des kommenden Jahres vorhersagen können. Aus diesem Grund heißen diese Tage auch Lostage. Entscheidend für all diese Prophezeiungen ist jedoch die allerletzte Raunacht, die Nacht vor dem Dreikönigsfest und der Dreikönigstag selbst: Nur wenn die Träume in dieser Nacht erhebend und erbaulich sind und wenn das Wetter am Dreikönigstag trocken und ruhig ist, gelten die Vorhersagungen für das kommende Jahr.

Am Dreikönigstag werden in der Kirche verschiedene Gegenstände geweiht. Das wichtigste Element ist das Wasser. Das Dreikönigswasser ist heiliger und wirksamer als das gewöhnliche Weihwasser. In den orthodoxen Kirchengemeinden wird es sogar getrunken und für ein großes Heilmittel gehalten. Ein Kreuz mit diesem Wasser auf die Stirn gezeichnet, schützt vor Unheil und Krankheit. Auch Kreide und Salz werden geweiht. Mit der Kreide bezeichnet man die Eingangstüre. Auch das Vieh bekommt ein großes Kreidekreuz über den Rücken gezeichnet, damit es vor Unfällen geschützt bleibt. Eine Prise vom geweihten Salz wirft man ins Feuer, um sich vor Ansteckung zu schützen. Das heilige Salz wird auch aufs Fensterbrett gestreut, um Unglück abzuhalten. Ein bis zwei Körnchen kommen in die Suppe für einen Kranken, damit er schneller zu Kräften kommt und wieder genesen kann. In einigen Gegenden gibt man dem Vieh die zermahlene, geweihte Kreide und das geweihte Salz zu fressen; das geschieht auch hier, um Krankheit und Unfällen vorzubeugen und um das Tier gesund zu halten.

Das schönste aber ist der Dreikönigstag: Wenn die Sonne am 6. Januar scheint, gibt es ein friedliches, glückliches Jahr! Am Dreikönigsfest ist nach christlichem Glauben bei der Taufe Jesu der Heilige Geist erschienen, der Himmel öffnete sich und alle Umherstehenden hörten die Worte Gottes: »Dieser ist mein geliebter Sohn.« Der Heilige Geist entspricht dem

Wind, ein zarter Windhauch symbolisiert diese göttliche Wesenheit. Daher gilt auch der Wind am Dreikönigstag als segensbringend. Öffnen Sie diesem Dreikönigswind an diesem Festtag alle Fenster und Türen, damit er einen Hauch des Heiligen Geistes und damit Glück, Erleuchtung und Segen auch in Ihr Haus bringt.

Literatur

Buckland, Raymond: Scottish Witchcraft, The History and Magick of the Picts. Llewellyn 1993

Buckland, Raymond: The Magick of Chant-O-Matics. Parker Publishing 1978

Clottes, Jean, Lewis-Williams, David: Schamanen, Trance und Magie in der Höhlenkunst der Steinzeit. Thorbecke 1997

Cunningham, Scott, Harrington, David: The Magical Household. Llewellyn 1988

Hackl, Monnica: Deine Glückssymbole, 111 magische Schutzschilde für Gesundheit, Familie, Karriere und Glück. Herbig 2002

Hackl, Monnica: Das schamanische Glücksorakel, ein magisches Spiel für jeden Tag. Herbig 2003

Keller, Werner: Denn sie entzündeten das Licht, Geschichte der Etrusker und die Lösung eines Rätsels. Droemer 1970

Leyen, Eugenie Prinzessin von der: Meine Gespräche mit Armen Seelen. Christiana 1991

Masaru, Emoto: Messages from Water. Hado Kyoikusha Co., Ltd. 1999

Maurey, Eugene: Exorcism, How To Clear At A Distance A Spirit Possesed Person. Whitford Press 1988

Michell, John: Die Geomantie von Atlantis, Wissenschaft und Mythos der Erdenergien. Dianus-Trikont 1984

Niederberger, Hanspeter, Hirtler, Christof: Geister, Bann und Herrgottswinkel. Brunner 2000

Rippe, O., Madesjsky, M., Amann, M., Ochsner, P., Rätsch, Ch.: Paracelsus-Medizin, Altes Wissen in der Heilkunst von heute. AT Verlag 2002

Schlüter, Jochen, Rätsch, Christian: Perlen und Perlmutt. Ellert und Richter 1999

Simma, Maria: Meine Erlebnisse mit Armen Seelen. Christiana 1972

Too, Lillian: Water Feng Shui For Wealth, An Advanced Manual On Water Feng Shui Based On The Water Dragon Classic. Konsep Lagenda 1995

Zeitschrift Vital, Juli 2003

Bezugsadressen

Persönliche schamanische Schutzzeichen und Glückssymbole:

Monnica Hackl
c/o W. Habel
Postfach 1407
D-84403 Dorfen
Telefon 0900 186 59 86